QUELQUES

OBSERVATIONS

SUR LA THÉORIE ACTUELLE

DES

DÉVIATIONS DES PROJECTILES SPHÉRIQUES

LANCÉS PAR DES ARMES A CANON LISSE.

Et sur l'amélioration du tir des bouches à feu et des fusées de guerre.

Paris.—Imprimerie de Cosse et J. Dumaine, rue Christine, 2.

QUELQUES
OBSERVATIONS

SUR LA THÉORIE ACTUELLE

DES

DÉVIATIONS DES PROJECTILES SPHÉRIQUES,

LANCÉS PAR DES ARMES A CANON LISSE

ET EN PARTICULIER

Sur le mouvement des projectiles à excentricité artificielle;

ET

L'amélioration du tir des bouches à feu et des fusées de guerre.

PAR

M. THIROUX,

Lieutenant-Colonel d'artillerie en retraite.

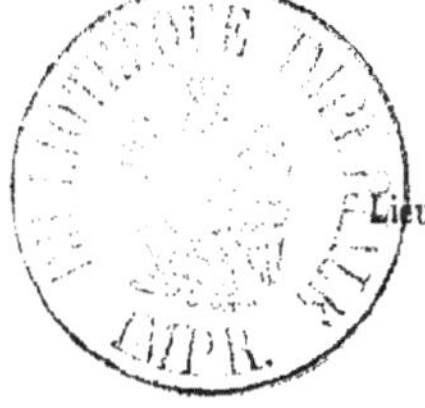

PARIS,

IMPRIMERIE ET LIBRAIRIE MILITAIRES.
J. DUMAINE, LIBRAIRE ÉDITEUR DE L'EMPEREUR,
Rue et passage Dauphine, 30.

1859

AVERTISSEMENT.

Cet opuscule faisait partie d'un travail considérable mêlé à beaucoup de calculs algébriques. Un de mes amis à qui j'en avais donné connaissance m'a fortement engagé à le publier, me conseillant de supprimer les calculs et de le mettre à la portée de tout le monde. Après quelque hésitation, je me suis décidé à suivre cet avis ; j'ai pensé qu'aujourd'hui que la question du perfectionnement des armes à feu est à l'ordre du jour, appeler le concours de toutes les intelligences sur ce sujet important, c'était contribuer à la solution du problème. Arrivé au terme de ma carrière, je m'estimerais heureux si ce faible essai pouvait être de quelque utilité.

Le célèbre Léonard de Vinci avait déjà remarqué, vers 1500, que quand le centre de gravité et le centre de figure d'une balle ne coïncidaient pas, celle-ci devait éprouver une déviation. On avait également observé que la paume, lancée avec violence par une raquette, décrit une trajectoire à double courbure, dont l'inflexion est très-sensible.

Mais c'est à Robins qu'appartient la gloire d'avoir démontré l'efficacité des mouvements de rotation, pour écarter les mobiles de leur direction et leur faire décrire une trajectoire à double courbure, et cela, qu'ils soient homogènes ou excentriques.

Avant d'aborder cette question, il devient nécessaire d'examiner quelles sont les causes qui produisent le mouvement de rotation des projectiles. Parmi ces causes, les battements sont une des plus actives.

BATTEMENTS.

On sait que les mobiles, en parcourant l'intérieur des armes à feu, y produisent des chocs appelés battements, qui altèrent leur direction et leur inclinaison, dans certaines limites déterminées par la grandeur du vent, c'est-à-dire par la différence qui existe entre le diamètre du projectile et celui de l'âme.

On conçoit, en effet, que si le dernier choc du projectile a lieu sur la paroi inférieure, le mobile sera relevé, et qu'au contraire, il sera abaissé, si le choc a lieu sur la paroi supérieure. Dans le premier cas, il y a angle de *relèvement*, et dans le second angle d'*abaissement*.

Si le choc a lieu à gauche, le mobile sera jeté à droite et réciproquement, et il y aura écart *de direction*.

On appelle *angle de départ*, l'angle sous lequel le mobile s'échappe de l'âme de la bouche à feu. La différence entre cet angle et l'angle que fait l'axe de la pièce avec l'horizon constitue l'angle d'abaissement ou de relèvement. Lombard ayant calculé la vitesse initiale des mobiles, à l'aide de leur abaissement vertical au-dessous de l'axe, a dû mesurer avec soin les angles de relèvement ou d'abaissement des projectiles. A cet effet, il plaçait un piquet près de la bouche, à hauteur de la paroi inférieure, et, à environ huit mètres du 1ᵉʳ piquet, un 2ᵉ piquet portant une planchette mince. Lorsque le coup partait, la deuxième planchette était coupée net par le projectile, et comme les têtes des deux piquets étaient parfaitement nivelées, l'élévation du point le plus bas du cercle d'impact du mobile, au-dessus du piquet permettait de calculer l'angle de départ, de telle sorte qu'en appelant d la distance entre les piquets, h la hauteur observée, on avait tang. $\alpha = \dfrac{h}{d}$.

Toutefois, le mobile s'étant un peu abaissé par l'effet de la pesanteur pendant son trajet du premier au deuxième piquet, l'angle α se trouvait un peu trop petit. L'auteur, après avoir déterminé la vitesse par une première approximation, en déduisait le temps $t = \dfrac{d}{v}$ employé à parcourir l'espace entre les deux piquets, et il obtenait l'abaissement avec une exactitude suffisante par la formule $e = \dfrac{gt^2}{2}$ on avait alors $h' = h + e$, tang. $\alpha' = \dfrac{h'}{d}$.

Pour donner à ce procédé une exactitude entière, il aurait fallu que le premier piquet portât un repère qui permît d'apprécier exactement le point de départ du mobile. Aujourd'hui, on emploie pour cette détermination deux lunettes en fer renfermant des lames de plomb, qui, étant percées net par les projectiles, déterminent plus exactement les traces de leur passage.

Les battements sont dus à l'élasticité du métal de la pièce et à celle du projectile ; ils sont d'autant plus écartés, et deviennent d'autant plus obliques, que la vitesse du mobile est plus grande.

Généralement, on observe dans le tir des bouches à feu en bronze, en bon état de conservation, un angle de relèvement, ce qui montre que le plus souvent le dernier battement a lieu sur la paroi inférieure, et comme l'angle de relèvement s'observe également dans l'obusier de siége et dans le canon de **24**, les battements doivent être bien plus rapprochés, et avoir lieu sous des angles plus grands dans la première bouche à feu que dans la deuxième. Aussi l'effet des battements est-il beaucoup plus sensible dans les obusiers que dans les canons.

Bien que les angles de relèvement soient ceux que l'on observe le plus fréquemment, cependant, sur l'ensemble d'un très-grand nombre de coups tirés, on remarque des abaissements et des écarts à droite et à gauche du plan de tir. Toutefois les angles d'abaissement sont beaucoup moindres que ceux de relèvement. Quant aux écarts latéraux, ils n'arrivent guère à être plus grands que la moitié des angles de relèvement.

Les mortiers, à raison de leur faible longueur, de la moindre vitesse de leur mobile, et de la moindre densité de celui-ci, présentent des angles de relèvement et d'abaissement et des écarts de direction plus grands que les canons et obusiers.

On conçoit que la vitesse anomale, imprimée au mobile par les battements, est d'autant plus forte qu'il est plus léger.

Dans les bouches à feu, le mobile se plaçant naturellement sur la paroi inférieure, il y a plus de chances pour que les battements aient lieu dans le plan du tir. Pour les armes à feu portatives, il n'en est plus de même, parce que la balle est placée d'une manière différente à chaque coup et qui dépend de la manière dont l'arme est tenue pour être chargée et de la disposition actuelle du papier qui enveloppe la balle.

Dans l'artillerie, on appelle battements les *dépressions* ou traces que laissent les chocs des projectiles dans l'âme des bouches à feu. Dans les pièces en bronze, les battements se forment d'autant plus promptement, que la pièce est d'un plus fort calibre et qu'on tire à plus forte charge. Cet effet est dû évidemment, à ce que le métal dont la pièce est formée est moins dur que la fonte dont est fabriqué le projectile; et, comme la violence des chocs est en raison de la masse et du carré et de la vitesse des mobiles, on conçoit aisément, que le bronze ayant assez de dureté pour un calibre déterminé, n'en ait plus assez pour un autre beaucoup plus fort.

La cause primordiale des battements est une cavité qui se forme à l'endroit où se met ordinairement le boulet, et qu'on appelle pour cela *logement du boulet*. On conçoit que les gaz, en s'échappant entre la paroi supérieure et le dessus du mobile, exercent sur celui-ci, pendant qu'il résiste en vertu de son inertie, une pression très-violente, dont l'effet réitéré est de produire l'enfoncement dont nous venons de parler, et consécutivement d'augmenter l'espace par où les gaz s'échappent dans les premiers instants, en accroissant progressivement la profondeur du logement.

Par l'effet de l'impénétrabilité, le métal est déplacé par la formation du logement, et produit en avant de celui-ci une petite proéminence appelée *bourrelet*. Chaque battement est accompagné d'un bourrelet ; si le battement a lieu vers la bouche, il est rendu visible par une *bavure* qui excède le plan de la tranche de la bouche. On conçoit que le logement et les battements doivent aller toujours en augmentant de profondeur, et en se rapprochant du fond de l'âme, et que les effets sont d'autant plus violents que les chocs du mobile deviennent plus directs. Au bout d'un certain nombre de coups, très-variable, suivant la qualité du métal et les circonstances du tir, la pièce perd toute espèce de justesse et devient ce qu'on appelle *folle.*

Dans les bouches à feu en bon état de service, on observe en général un logement et deux battements : le premier a lieu sur les parois supérieures, et le deuxième sur les parois inférieures ; c'est à l'action de ce dernier battement, qu'est dû l'angle de relèvement qu'on observe communément dans le tir. Mais il peut arriver qu'une bouche à feu présente un nombre de battements bien plus considérable, j'ai ouï dire qu'un canon de vingt-quatre en a présenté jusqu'à quatorze.

Le creusement du logement dépend, évidemment, de la dureté plus ou moins uniforme du métal de la bouche à feu, et de la régularité de l'action des gaz sur la partie supérieure du mobile ; on conçoit que, si le bronze présente moins de résistance d'un côté que de l'autre, le logement ne sera pas sur la génératrice inférieure de l'âme, mais du côté où le métal est le moins dur. Il arrivera alors que l'action des gaz n'étant plus symétrique au-dessus du boulet, tendra à accroître l'obliquité du logement du mobile, et à l'écarter de plus en plus de sa position normale.

Comme le mobile peut, par l'effet du bourrage, n'être pas placé bien symétriquement par rapport au plan de tir, l'action des gaz tend encore à le jeter de côté et à déterminer la formation d'un logement latéral. Je crois que dans l'épreuve des bouches à feu neuves, on ne saurait prendre trop de précautions pour assurer le placement régulier du projectile.

En réalité, la génératrice inférieure de l'âme des bouches

à feu varie de position à tout moment, par l'effet de l'inclinaison du sol sur lequel on est en batterie, ou par l'effet
du jeu des tourillons de la pièce dans les encastrements
de son affût. De là résultent des variations très-grandes
dans le tir d'une pièce qui présente un logement et des
battements [1]. Ainsi, par exemple, si le logement est jeté
à gauche du plan de tir, le projectile, au lieu d'être réfléchi
dans ce plan, ira frapper diagonalement la paroi supérieure,
et les battements tendront à devenir latéraux.

La supériorité de justesse des pièces neuves, dont l'âme
ne présente ni logement ni battement, me paraît due, en
grande partie du moins, à l'absence des variations que
nous venons de signaler. D'après cette observation, il me
semble qu'on doit s'attacher, dans le service d'une pièce
défectueuse, à la placer autant que possible, dans la même
position à chaque coup, ce qui est assez facile lorsque la
pièce est sur une plate-forme.

Le tir de nuit doit à ce moyen une précision que ne
semblerait pas comporter l'imperfection du mode de
pointage. On obtiendrait encore plus d'exactitude en re-

---

[1] Dans les pièces de campagne, la variabilité de position de la
génératrice inférieure de l'âme contribue peut-être un peu à la
conservation des bouches à feu ; l'imperfection des affûts des anciens canons amenait peut-être un résultat analogue. Peut-être
conviendrait-il, dans l'épreuve des bouches à feu, de monter les
affûts sur des plates-formes qui permissent de faire varier la position du projectile à chaque coup : ce serait une chose à essayer
surtout pour les obusiers et les mortiers. Cette disposition permettrait sans doute, de supprimer la tolérance accordée pour le
logement.

pérant, à l'aide d'un coup de ciseau, la position de chaque tourillon par rapport à son encastrement.

J'ai expérimenté qu'en plaçant l'affût toujours dans la même position et en ayant soin que la pièce fût toujours placée de la même manière sur son affût, le tir devenait bien plus exact.

Dans les métaux malléables, à toute percussion répondent un écrouissement et une augmentation de dimensions. De là résulte que, lorsqu'on pousse à outrance les pièces en bronze, elles finissent par se courber vers la volée par la violence des battements. On conçoit, en effet, que, comme les battements ont lieu principalement dans le plan de tir, c'est à peu près dans ce plan que la flexion doit avoir lieu ; c'est ce qu'on observe effectivement. Dans ce cas extrême, la volée de la pièce présente des gerçures ou crevasses, et il peut arriver que les projectiles se cassent par la violence des battements, qui deviennent de plus en plus directs, en devenant plus profonds.

Entre ce dernier terme, où la pièce n'a plus la moindre justesse de tir et où sa rupture est imminente, et l'état normal, il y a une foule de nuances intermédiaires, et on conçoit qu'une pièce en bronze puisse avoir perdu une grande partie de sa justesse de tir, principalement en ce qui concerne la hauteur des coups, sans qu'aucun signe extérieur n'ait pu le faire reconnaître, et cela par l'effet d'une courbure inappréciable de l'âme.

Je suis porté à croire que cette cause n'est pas sans influence sur le tir des armes portatives, surtout pour les armes rayées. Dans les armes rayées, l'écrouissement du métal des rayures peut produire des ondes dans l'intérieur de l'âme et en altérer la forme cylindrique. Dans les pièces en fonte, la marche des battements est à peine sensible, et les causes qui amènent l'écrouissement du métal dans le fer et le bronze produisent ici des gerçures et des fissures qui, passé certaines limites, déterminent l'éclatement de la pièce.

Dans le bronze, la grande élasticité du métal augmente la violence des battements, dans la fonte, le défaut complet de l'élasticité du métal rend les battements moins forts, mais conduit, comme dans le cas précédent, à la formation de fissures qui diminuent la solidité de la pièce.

Relativement à la nature des projectiles, les projectiles creux paraissent avoir un peu plus d'élasticité que les pleins, et étant plus légers, ils obéissent mieux à l'action du gaz, aussi, les battements paraissent-ils être plus violents, toutes choses égales d'ailleurs, pour les bombes et obus que pour les boulets. Quant aux armes à feu portatives, les balles de plomb se déforment souvent dans le canon, lorsqu'on tire avec de grandes charges. C'est sans doute à cause de cette grande mollesse du plomb, qu'on a abandonné l'usage des boulets de ce métal, dont on se servait jadis dans la guerre de campagne.

Dans ce qui va suivre, nous ne nous occuperons des battements que comme chocs des projectiles contre les parois des canons d'armes à feu, nous observerons seulement que, quand les bouches à feu présentent les cavités appelées logements et battements, l'effet du choc du projectile se trouve beaucoup augmenté par le jeu que lui donnent ces cavités et par un frottement plus énergique et de plus longue durée.

MOUVEMENTS DE ROTATION RÉSULTANT DE L'INFLAMMATION DE LA CHARGE ET DES BATTEMENTS.

Une des causes qui nuisent le plus à la justesse du tir, ce sont les mouvements de rotation, plus ou moins irréguliers, que le mobile prend dans l'intérieur des armes à feu. Nous supposerons d'abord que le projectile est parfaitement sphérique et homogène, de telle sorte que le centre de figure et le centre de gravité soient réunis au même point.

Considérons d'abord ce qui se passe au départ du pro jectile. Au moment où la charge s'enflamme, les premiers gaz produits s'échappent par le vent et pressent le mobile sur la partie inférieure de l'âme, pendant que celui-ci résiste en vertu de son inertie ; le sommet du boulet étant sollicité par la force d'impulsion des gaz se met en mouvement avant le point qui repose sur la partie inférieure, car ce point y est retenu par la pression et le frottement qui en est la suite. De là résulte que le mobile s'échappe en tournant de dessus en dessous, autour d'un axe horizontal, perpendiculaire au rayon qui passe par le point d'appui. Ce mouvement est celui que nous appellerons mouvement primitif ou normal de rotation, *fig.* 1re.

En supposant que le courant de gaz, qui s'échappe par le vent du mobile, puisse imprimer au point A une vitesse initiale U, le nombre de tours que le mobile pourra faire dans une seconde sera $\dfrac{U}{\varpi D}$, D étant le diamètre du projectile, soit U $= 5^{\text{m}} 50$; D $= 0^{\text{m}} 15$ $\varpi = \dfrac{22}{7}$ on aura

$$u = \frac{7 \times 5.5}{22 \times 0\,15} = 11 \text{ tours } {}^{2}/_{3}.$$ En supposant que le mobile

emploie $\frac{1''}{200}$ à parcourir l'âme de la bouche à feu il ferait 0,053 de tours dans la pièce. Pour la balle de 16^{mm},7, on aurait $u = 105$ tours par seconde.

Pour le dire en passant, cette action de la poudre démontre que son inflammation n'est point instantanée; car si la charge était réduite en gaz instantanément, toutes les parties du mobile seraient entourées de fuites de gaz, de même tension, qui se feraient équilibre autour du projectile, excepté au seul point de contact du mobile avec la paroi inférieure, ce qui n'a pas lieu.

Bien que la force impulsive des gaz passe par le centre de figure O du projectile, néanmoins on conçoit que son point d'application n'est pas réellement au point O, mais au point R, situé dans l'hémisphère postérieur, et pour lequel la somme des actions exercées sur les zones qui sont d'un côté du plan mené par le point R, perpendiculairement à l'axe de la pièce, est égale à la somme des actions exercées sur les zones qui sont de l'autre côté du même plan.

Lorsque le mobile est doué d'un mouvement de rotation, le point R change de position à tout moment, et les points R et O, ne restent sur une parallèle à l'axe, qu'autant que le projectile est parfaitement rond.

Si le mobile n'était pas bien rond, les centres de figure et de gravité ne coïncideraient pas, et ce qu'on dira pour les projectiles excentriques, permettra de conclure ce qui a lieu dans ce cas.

Si la poudre brûlait régulièrement, par couches horizontales, à partir de la paroi supérieure, on conçoit que la force impulsive des gaz, commençant à exercer son action vers le haut du mobile, cette action excentrique , jointe à celle du vent, tendrait à développer, dans le projectile, un mouvement de rotation de dessus en dessous, d'autant plus rapide que le débandement du fluide serait plus lent et plus régulier, tandis que le mouvement serait à peu près nul si l'inflammation de la poudre était instantanée.

Ainsi donc, il semblerait résulter de là que les poudres les plus lentes à brûler sont celles qui donnent la plus grande vitesse de rotation normale.

Si le mobile n'éprouvait pas de battements en parcourant l'âme, il conserverait la vitesse de rotation que nous venons de trouver ; mais nous avons vu qu'il n'en était point ainsi, et que généralement le dernier battement avait lieu sur la paroi inférieure, ce qui suppose au moins un choc sur la paroi supérieure.

On conçoit aisément qu'au point où le mobile choque la paroi, celui-ci est retardé dans sa marche, tandis que le point opposé, loin d'être retardé, est sollicité par l'action accélératrice des gaz, et il tend alors à s'établir un mouvement de rotation de dessous en dessus, directement opposé au premier, et qui en atténue l'effet ; si le dernier choc a lieu sur la paroi inférieure, le mouvement qui tend à s'établir a lieu de dessus en dessous, comme le mouvement primitif, et vient ajouter son action à l'action première.

Dans l'état normal, le mouvement de rotation devrait avoir lieu autour d'un axe horizontal, perpendiculaire au rayon vertical qui passe par le point de contact du mobile avec la paroi inférieure, et tout l'effet devrait s'accomplir dans le plan vertical passant par l'axe de la pièce ; l'axe de rotation du projectile devrait rester horizontal ; c'est ce qui a lieu sensiblement dans les pièces neuves.

Mais une foule de causes viennent troubler cet état de choses : d'abord le débandement des gaz ne saurait être parfaitement régulier, mais la cause la plus active, c'est la détérioration de l'âme, et les traces plus ou moins profondes de logement et de battements que le tir y a produites, même après un petit nombre de coups.

On voit, d'après cela, qu'il est bien difficile que, dans les trois chocs dont on vient de parler, l'axe autour duquel s'effectue le mouvement de rotation ne devienne pas oblique ; et cette obliquité est, ainsi que nous le vérrons par la suite, une grande cause d'irrégularité pour le tir.

MOUVEMENTS DE ROTATION RÉSULTANT DE L'EXCENTRICITÉ.

Généralement les projectiles ne sont pas homogènes, et il résulte de là que leur centre de figure O et leur centre de gravité G sont plus ou moins éloignés, *fig.* 2. Cet écartement OG des deux centres constitue ce qu'on appelle l'excentricité. L'excentricité est en général assez faible dans les mobiles actuels ; il est rare qu'elle atteigne $\frac{1}{75}$ à $\frac{1}{150}$ du diamètre du projectile.

L'action des gaz, sur un projectile excentrique, s'exerçant sur tous les points de la partie postérieure du mobile, la résultante de cette action passe par le centre de figure O ; tandis que la force d'inertie du mobile est appliquée au centre de gravité G : or, on conçoit que la partie la plus légère du mobile, obéissant la première à l'action des gaz, le sens de la rotation dépendra de la position initiale du centre de gravité. Si le centre de gravité est au-dessous du centre de figure, le mobile trournera de dessus en dessous, *fig.* 2, si le centre de gravité est au-dessus du centre de figure, *fig.* 3, le mouvement inverse aura lieu ; si le centre de gravité est à droite du centre de figure, le mobile tournera de gauche à droite, et réciproquement. Connaissant donc les positions respectives des centres O et G, dans un projectile excentrique, on pourra y faire naître à volonté, par un placement convenable, tel mouvement de rotation qu'on jugera à propos de lui imprimer.

Le bras de levier qui produit le mouvement de rotation est l'écartement des centres O et G projetés sur un plan perpendiculaire à l'axe de la pièce. Si l'on fait abstraction du vent, le maximum d'effet aura lieu, lorsque les deux centres seront sur le rayon qui passe par le point de contact ; au contraire, le levier sera atténué lorsque les deux centres seront sur une parallèle à l'axe : c'est la position qu'on cherche à donner aux bombes et aux obus en plaçant leur fusée suivant l'axe de la bouche à feu, *fig.* 4. Toutefois, on conçoit aisément que les avantages de cette disposition sont bientôt détruits par le mouvement primitif dû à l'action du vent, qui, en faisant tourner le mobile de dessus en dessous, déplace le centre de gravité G', le porte en g', et met en jeu l'action de l'excentricité.

Pour des bras de leviers égaux, G,H et G'H', la position

du centre de gravité, en avant ou en arrière du point de contact B du projectile avec la paroi inférieure, n'est point indifférente. Ainsi on voit, *fig.* 2, que quand le centre de gravité G, est en avant du point B, la pression qui a lieu en A, doit agir plus énergiquement, pour faire tourner le mobile de dessus en dessous, que quand ce même centre est placé en G en arrière de B.

Pareillement, quand le centre de gravité est au-dessus de l'axe, si le centre de gravité G est en arrière du point B, le mouvement de rotation sera favorisé, tandis qu'au contraire, il sera retardé, si le centre de gravité G′ est en avant, *fig.* 3, car le point G tend toujours à s'abaisser.

Il semble résulter de cette observation, que la vitesse de rotation maximum ne répond pas exactement au cas où le rayon qui passe par le centre de gravité aboutit au point B, et que pour le cas où le mouvement doit avoir lieu de dessus en dessous, le point G doit être en avant du point B, *fig.* 2, tandis qu'au contraire, il doit être un peu en arrière, si le mouvement de rotation doit avoir lieu de dessous en dessus.

Enfin, quand le centre de gravité se trouve sur la parallèle à l'axe passant par le centre O, *fig.* 4, la composante G H, qui produit le mouvement de rotation, se trouve annulée; mais le mouvement normal de rotation tend à déplacer les centres O G, et quand le centre de gravité est en arrière, ce centre tend à s'élever et à produire une rotation contraire à celle qui a lieu, tandis que quand le centre de gravité est en avant, le centre de gravité, en s'abaissant, tend à accroître la vitesse normale de rotation.

COMBINAISON DES DIVERS MOUVEMENTS DE ROTATION.

En général la vitesse de rotation du mobile est la résultante de l'action primitive du vent et de celle de l'excentricité. Si le centre de gravité est au-dessous de l'axe et dans le plan de tir, ainsi que le centre de figure, les deux actions, s'exerçant dans le même sens, s'ajoutent, et le mouvement de rotation de dessus en dessous devient plus rapide. Au contraire, les centres de figure ou de gravité étant toujours dans le plan de tir, si le centre de gravité est au-dessus de l'axe, les deux mouvements qui tendent à s'établir, étant opposés, se retranchent l'un de l'autre. Si le centre de gravité G est à droite du plan de tir et à hauteur du centre de figure, l'axe de rotation, au lieu d'être vertical, comme cela aurait lieu sans le vent, s'incline en vertu de l'action de celui-ci, et prend une direction oblique en avant.

CAS OU LE CENTRE DE GRAVITÉ SE MEUT AUTOUR DU CENTRE DE FIGURE.

Si l'on suppose un projectile excentrique se mouvant dans l'âme d'un canon, dans lequel le vent soit beaucoup plus petit que l'excentricité, il est évident que le centre de gravité du mobile en question, décrira des arcs de cycloïde autour de l'axe du canon, et qu'à sa sortie de l'âme, le centre de gravité s'échappera suivant la tangente à l'axe cycloïdal qu'il décrit actuellement, *fig.* 5 [1].

---

[1] Dans la figure 5, le mouvement de rotation a été fort exagéré pour rendre notre idée plus saillante. On sait qu'en gé-

Il me semble que, dans certains cas, la pression des gaz et le frottement peuvent amener des résultats analogues.

Si l'axe de rotation est horizontal, *fig.* 5, et que le mouvement du centre de gravité G et celui du centre de figure aient lieu dans le plan de tir et de dessus en dessous, tout l'effet se réduira à augmenter ou à diminuer la portée, et l'angle de départ variera suivant la position de la tangente suivant laquelle échappera le point G; M*t* donnant lieu à un angle de relèvement dans le cas de la *fig.* 5 GT et, toute tangente, parallèle à l'axe, répondant à l'angle de tir normal.

On conçoit que, pour toute autre position des centres de figure et de gravité, il y aura déviation et altération de portée, puisque le mobile ne sera pas lancé sous l'angle de projection voulu, ni suivant la direction de l'axe, mais bien suivant la direction anomale de la tangente à l'arc cycloïdal décrit par le centre de gravité à l'instant où le projectile sort de la pièce.

TRANSPORT DE LA VITESSE DE ROTATION AU CENTRE DE GRAVITÉ.

Supposons maintenant qu'un mobile, présentant une excentricité assez grande, et tournant très-rapidement sur lui-même, autour d'un axe horizontal, éprouve un battement très-fort; il pourra arriver que, par l'effet de ce choc, le mouvement de rotation soit détruit : alors toutes les actions étant transportées au centre de gravité, la vitesse de

---

néral les projectiles ne font qu'une faible portion de tour en parcourant l'âme des bouches à feu.

translation du mobile sera augmentée. C'est ainsi qu'on voit souvent des projectiles, et surtout des obus, qui, paraissant avoir perdu presque toute leur vitesse, roulent à la surface du sol. Si, dans cet état de choses, ils viennent à frapper un corps dur, convenablement disposé, toute leur vitesse de rotation est transformée en vitesse de translation ; le mobile part, sous un angle plus ou moins relevé, décrit une nouvelle trajectoire qui souvent est assez étendue. J'ai vu un obus de 15 cent., passer ainsi par-dessus la butte du polygone de l'École militaire de Saint-Cyr, et faire un dernier bond de plus de 300^m d'amplitude.

On conçoit que, dans ce cas, le centre de gravité, pouvant tourner autour du point choqué, l'angle de projection peut être augmenté, comme dans l'exemple que nous venons de citer.

Il peut encore arriver que, par l'effet du choc, la force qui produit ce mouvement de rotation diminue la vitesse de translation, en se transportant au centre de gravité, et que, dans ce cas, l'angle de projection soit diminué ; ce qui est une double cause de diminution de portée.

ACTION DES BATTEMENTS SANS ROTATION.

Il importe de bien établir qu'un projectile homogène qui a reçu, par l'effet d'un battement, une vitesse latérale sans mouvement de rotation, se meut dans un plan vertical.

En effet, si le mobile a reçu, par l'effet du battement final, une vitesse latérale dont la projection horizontale soit Wo, la projection horizontale de sa vitesse initiale étant Vo, le mobile, soumis simultanément à l'action de ces deux forces, se mouvra suivant la diagonale du parallélogramme construit sur ces forces, en sorte que $\sqrt{V_0^2 + W_0^2}$ sera la projection de la vitesse initiale réelle, et que la direction du plan de tir sera celle de cette même diagonale.

On voit donc que, dans ce cas, la trajectoire sera une courbe plane, et que les déviations devront être proportionnelles aux distances. En désignant par δ l'angle de déviation, on aura tang. $\delta = \dfrac{W_0}{V_0}$, et, par conséquent, l'écart à la distance x sera $d = \dfrac{W_0}{V_0} x$.

MOUVEMENTS DE ROTATION ; LEURS CONSÉQUENCES.

Examinons maintenant ce qui se passe dans un projectile sphérique, animé d'un mouvement de rotation, autour d'un axe qui passe par son centre de gravité.

OPINIONS DES DIVERS AUTEURS.

Robins est le premier qui ait posé en principe que la trajectoire d'un projectile sphérique, qui est doué d'un mouvement de rotation, était une courbe à double courbure, et cela, que le mobile fût homogène ou qu'il fût excentrique.

Le célèbre Euler n'admet pas cette conclusion, et il dit positivement, dans ses Commentaires sur l'ouvrage de Robins, que si les centres de figure et de gravité ne font qu'un même point, le boulet doit se mouvoir dans le plan vertical, sans s'écarter ni à droite ni à gauche.

Que si le projectile est excentrique, et doué d'un mouvement de rotation autour d'un axe passant par son centre de gravité, la résistance de l'air tendra à atténuer ce mouvement, qui sera bientôt éteint ; le centre de gravité se placera en avant, la partie légère du mobile étant en arrière, et, dans ce cas, le boulet ne s'écartera pas du plan vertical dans lequel il a commencé à se mouvoir.

Euler attribue les déviations des projectiles à leur défaut de sphéricité. Cette opinion de l'illustre mathématicien était fondée, peut-être, sur ce que Robins ayant opéré sur des balles de plomb, qui sont plus ou moins déformées par l'effet des grandes charges, la résistance de l'air se trouve exagérée par le défaut de sphéricité des balles, et que cette cause a dû jouer un grand rôle dans les déviations qu'il a observées.

Aujourd'hui la théorie généralement admise est exactement celle donnée par Robins, dans son ouvrage intitulé : *Nouveaux principes d'artillerie*, ainsi que nous allons le faire voir. Voici comment Robins s'exprime à ce sujet :

« On m'accordera sans peine, qu'une bombe ou un bou-
« let ne sauraient sortir de la pièce, d'où ils sont tirés, sans
« éprouver un frottement contre ses parois intérieures, et
« acquérir par là un mouvement de rotation aussi bien
« qu'un mouvement progressif. Ce mouvement de rota-
« tion, d'un côté, se fait à peu près dans la même direction
« que le mouvement progressif, et de l'autre dans une di-
« rection opposée. La résistance que l'air oppose au de-
« vant du boulet, doit par conséquent augmenter sa pres-
« sion sur une partie de sa surface et la diminuer sur
« l'autre. Par ce moyen, son action deviendra oblique, et
« produira les effets dont nous avons fait mention. » (Robins, traduction de Dupuis fils. — 1771.)

THÉORIE ACTUELLE.

Dans la théorie actuelle, on fait exactement les mêmes raisonnements. Supposons, pour fixer les idées, qu'un mobile sphérique se meuve de M vers N en tournant de gauche à droite, c'est-à-dire de A vers B, autour d'un axe vertical projeté en G, *fig.* 6.

Il est facile de voir que, pour tous les points situés de A vers C, la composante de la vitesse de rotation dans le sens de MN tend à s'ajouter à celle de translation et à augmenter la vitesse avec laquelle ces points frappent le milieu; au contraire, les points de C à B tendant à fuir; leur vitesse de rotation devient soustractive par rapport à la vitesse de translation : or, on sait que la résistance de l'air est au moins proportionnelle au carré de la vitesse avec laquelle le fluide est frappé. On voit donc que, pour tous les points situés de A à C, la résistance de l'air doit être plus grande que pour ceux situés de C à B : donc le mobile déviera du côté où il éprouve le moins de résistance, c'est-à-dire à droite, ou autrement dans le sens vers lequel tourne son hémisphère antérieur.

Il est évident que si le mouvement de rotation avait lieu de droite à gauche, le mobile dévierait à gauche.

En second lieu, supposons que l'axe de rotation soit horizontal, c'est-à-dire perpendiculaire au plan de tir, et que le centre de figure et le centre de gravité soient situés dans ce plan, supposé être le plan de symétrie du projectile.

Pour faire usage de la même figure 6 que ci-dessus, nous supposons que le mobile marche de M vers N, en tournant de dessus en dessous autour d'un axe horizontal projeté en G.

Puisque le mobile est symétrique par rapport au plan de tir, l'action de la résistance de l'air s'exercera également des deux côtés du plan ; il n'y aura pas de déviation, et l'action produite s'exercera exclusivement sur les portées, qui seront augmentées ou diminuées, suivant le sens du mouvement de rotation.

Ainsi, dans le cas qui nous occupe, le point A tendant à s'avancer par l'effet du mouvement de rotation, tandis qu'au contraire le point B tend à fuir, on voit que les points de A à C frappent l'air avec plus de force que ceux situés de C à B : donc la plus grande résistance aura lieu au-dessus du projectile, et la portée sera diminuée.

On voit que si le mobile tournait de dessous en dessus la portée serait augmentée.

On conçoit aisément que si l'axe de rotation, au lieu d'être vertical ou horizontal, avait une position oblique, telle que le mobile tournât de gauche à droite et de dessus en dessous, le projectile dévierait à droite et que sa portée serait diminuée.

Et, comme généralement l'axe de rotation du mobile aura une position plus ou moins oblique, il faut en conclure que les mouvements de rotation, en écartant plus ou moins les mobiles de leur direction normale, feront éprouver aux portées des variations plus ou moins grandes. « Si « l'on pouvait déterminer, dit Robins, la position de l'axe « autour duquel se fait le mouvement, et si cet axe de- « meurait fixe et invariable dans tout le mouvement du « boulet, on connaîtrait la direction de l'écartement ; ou

« l'aberration du boulet serait connue, et la ligne courbe,
« que cette force oblique ferait décrire, s'étendrait régu-
« lièrement du même côté, depuis la bouche du canon,
« jusqu'au point ou tomberait le projectile ; par exemple,
« si l'axe de rotation *était perpendiculaire à l'horizon, la*
« *courbe se ferait à droite ou à gauche,* et si cet axe *était ho-*
« *rizontal,* la courbe se ferait *en montant ou en descendant;* »
ce qui est exactement conforme à ce que nous venons de
dire.

CHANGEMENTS DANS LE SENS DE LA DÉVIATION, PAR SUITE DU CHANGEMENT DANS LA POSITION DE L'AXE DE ROTATION.

Attendu que rien n'enchaîne la position de l'axe de rotation, on conçoit que cet axe peut changer de position,
si la résistance de l'air agit diversement sur ses deux extrémités, et que le mobile, après avoir dévié dans un sens,
en vertu de la position primitive de son axe de rotation,
peut dévier en sens contraire, en vertu de la position sub-
séquente de ce même axe.

« Comme on ne connaît point, dit Robins, la position
« première de *l'axe de rotation,* et que dans le cours du mou-
« vement, elle peut changer continuellement, la courbe
« ne se fait point constamment dans la même direction ;
« mais le boulet peut s'écarter dans son mouvement, tan-
« tôt d'un côté, tantôt d'un autre ; la tendance de la dé-
« clinaison doit changer aussi souvent que change, par
« différents accidents inévitables, la position de l'axe de
« rotation par rapport au mouvement progressif. »

On voit que la théorie actuelle des déviations est exac-

tement celle donnée par Robins, et que même les moyens
de démonstration sont identiques, puisque notre auteur
part des cas particuliers, où l'axe de rotation est vertical ou
horizontal, pour arriver aux cas généraux.

EXPÉRIENCES DE ROBINS SUR LES DÉVIATIONS.

Robins, pour démontrer la vérité de sa démonstration,
se servit, entre autres, d'un globe de bois de $4^{o}\,^{1}/_{2}$
$0^{m}1143$ de diamètre qu'il suspendit à deux cordons; faisant
ensuite faire à la boule un grand nombre de tours, afin de
tordre les cordons, il abandonna la balle à elle-même, ob-
servant, avant de la lâcher, de l'éloigner autant que possible de la verticale. Les premières oscillations eurent lieu
dans un plan vertical; mais lorsque les cordons, en se dé-
tordant, eurent communiqué à la boule un mouvement de
rotation assez considérable. « Elle commença à s'écarter
« de sa première direction, tantôt à droite, tantôt à gau-
« che, jusque-là qu'elle fit même des vibrations dans un
« plan perpendiculaire à celui dans lequel elle avait com-
« mencé à se mouvoir; et cette dérivation paraissait être
« due, non au mouvement du cordon même, mais à la ré-
« sistance de l'air qui ne pressait pas également des deux
« côtés du globe. En effet, il continua à s'éloigner de sa
« première direction, lorsque le cordon étant tout à fait
« détendu et même qu'il commençait à se tordre dans un
« sens contraire, à cause du mouvement du globe. Il était
« très-facile de déterminer de quel côté se ferait la décli-
« naison, en remarquant, avant de lâcher le globe, de
« quel côté le mouvement de rotation s'unirait avec

« le mouvement progressif ; c'était toujours de ce côté-
« là que la force oblique poussait le corps, la résistance
« étant plus grande, en cette partie, que dans celle où les
« mouvements progressifs de rotation se trouvaient op-
« posés. » (Dupuis.)

Cette expérience, que j'ai vu tenter plusieurs fois sans
une réussite très-complète, bien que les boules de bois
qu'on y employait fussent assez grosses et légères, donne
des résultats un peu plus apparents, quand on substitue au
globe de Robins, un globe en caoutchouc très-léger, d'environ **22** cent. de diamètre.

Robins, comprenant que la démonstration, dont il vient
d'être question, était loin d'être à l'abri de tout repro-
che, a tiré des balles de fusil sur des écrans en papier
fort mince, afin de s'assurer par la succession des points
d'impact, si la trajectoire était contenue dans un même
plan vertical : or, il résulte de ces expériences qu'il n'en est
point ainsi.

Robins s'est servi, dans cette recherche, d'un canon de
fusil de longueur ordinaire, lançant une balle d'une once an·
glaise, **28** grammes environ, avec une charge de **7** grammes
de bonne poudre. Le canon était retenu à l'aide d'une
fourchette scellée sur un gros bloc de pierre. L'auteur
pense que le système ne pouvait pas s'écarter de la direction de $\frac{1}{100}$ de pouce anglais.

Le canon était placé à **300** pieds, **91** mètres **44** cent.
d'un mur qui servait de dernier écran; un premier écran
en papier était placé à **50** pieds **15** mètres **24** cent. de
la bouche du canon et un deuxième à **100** pieds ou à **30**
mètres **48** cent. Il est fâcheux que le nombre des écrans

n'ait pas été plus multiplié; mais toutefois, comme chaque coup tiré donnait trois points d'impact, ce que Robins voulait démontrer, l'est parfaitement, savoir que la trajectoire n'est point une courbe plane, et que les déviations ne sont pas proportionnelles aux distances.

A la vérité, le canon étant retenu fixement devait éprouver des vibrations considérables; mais ces vibrations, quelles qu'elles fussent, ne pouvaient pas avoir d'influence sur la position respective des trois points d'impact obtenus, pour chaque coup tiré, et jamais ces trois points ne se sont trouvés sur une ligne droite, comme cela aurait eu lieu s'ils se fussent trouvés dans son même plan vertical.

EXPÉRIENCES DE LA FÈRE EN 1771.

Lombard, dans la traduction qu'il a donnée de l'ouvrage de Robins et des Commentaires d'Euler, cite des expériences faites à la Fère, au mois d'octobre 1771, sur le tir de boulets de 24 lancés avec une charge de 8 livres et demie, (4 kilo 161 grammes) sous l'angle de 25°. La direction du tir était repérée, par un moyen analogue à celui employé par Lombard, pour déterminer l'angle de départ des boulets.

Voici les résultats pour trois coups :

DÉVIATION indiquée par la planchette à 5 toises ou 9 mètres 74.		PORTÉE TOTALE.		DÉVIATION FINALE.	
lig.	mill.	toises.	mètr.	toises.	mètr.
1er.—A droite, 10	ou 22,5	1766	ou 3442.00	A gauche 108	ou 210,05
2e.—A gauche, 2 1/2	ou 5,6	1805	ou 3518 00	A droite 18	ou 35,48
3e.—A gauche, 12 1/2	ou 28,2	1910	ou 3762.66	A droite 118	ou 229,98

Lombard cite avec raison, comme un fait remarquable que, dans ces trois coups, « le boulet ayant commencé sa « course en s'écartant d'un côté de la direction du ca- « non, se soit ensuite constamment porté au côté opposé, « pour s'en écarter d'autant plus, que sa première dévia- « tion à 5 toises a été plus grande. »

L'auteur fait observer que, si pour le premier coup, le mouvement se fût opéré dans un même plan vertical, le boulet n'aurait dû s'écarter que de 4 toises 6 pouces ou 7 mètres 76 cent. à droite de la direction du canon, tandis qu'il s'est porté à 210 mètres 5 cent. à gauche.

Lombard remarque que, par l'effet de la pression des gaz sur le dessus du boulet, le premier mouvement de rotation a lieu autour d'un axe horizontal, mais que la position de cet axe change par l'effet des battements, en sorte que la première déviation étant supposée due à un battement, le projectile ayant dans cette hypothèse frappé la paroi gauche (premier coup) a été porté à droite, et a dû prendre par le choc un mouvement de rotation de droite à gauche, et c'est par suite de ce mouvement qu'il a été jeté à gauche [1]. La même explication s'applique aux deux autres coups. Nous remarquerons ici qu'il y a une erreur dans le texte, pour le sens du mouvement que prend le projectile par l'effet des battements ; mais cette erreur est

---

[1] Ceci est analogue à ce qu'on fait souvent au jeu de billard en frappant une bille au sommet : obéissant d'abord à la vitesse qui lui est imprimée, la bille s'écarte ; puis quand sa vitesse est assez atténuée, elle revient sur elle-même en vertu du mouvement de rotation que le choc excentrique lui a donné.

trop évidente , pour empêcher de conclure que l'auteur adopte entièrement l'explication de Robins.

On voit donc que l'explication de Robins est pleinement adoptée par Lombard : on sait que cet auteur a été longtemps considéré comme le principal auteur classique de l'artillerie française.

TRAJECTOIRE DES PROJECTILES EXCENTRIQUES.

L'explication de Robins est indépendante de l'excentricité, et celle-ci ne semble figurer qu'en ce qu'elle donne lieu, dans la pièce, à un mouvement de rotation, plus ou moins rapide, qui s'ajoute au mouvement de rotation dû aux battements, ou qui s'en retranche ; en sorte qu'on pourrait croire, au premier aperçu, qu'un projectile homogène de même nature et dimensions qu'un projectile excentrique, se mouvant de la même façon, dévierait de la même manière, du moins pendant un certain temps. Or, je pense qu'il n'en est point ainsi, et que jamais les deux mouvements ne sont identiques, même pendant l'instant le plus court.

Sans doute, les mouvements de rotation que le projectile prend dans la pièce sont les plus énergiques ; mais cependant je crois que la résistance de l'air agissant sur un projectile excentrique, à la manière d'une force accélératrice, finit par déterminer dans le mobile un mouvement de rotation assez fort pour altérer notablement la justesse du tir, que le mobile ait ou n'ait pas de mouvement initial de rotation.

ACTION DE LA RÉSISTANCE DE L'AIR SUR LES PROJECTILES SANS MOUVEMENT INITIAL DE ROTATION.

On sait, depuis longtemps, que le tir des balles sphériques, forcées dans le canon, ne présente une certaine supériorité de justesse que pour les plus petites distances. Dans la cartouche à la Brunéel, dont on s'est servi pendant quelque temps, lors des premiers essais sur les fusils à percussion, la balle était poussée par un sabot en bois qui l'empêchait de tourner dans le canon ; cependant l'on n'a pas remarqué que le tir de cette balle fût beaucoup plus juste, aux grandes distances, que celui d'une balle libre.

On conçoit que la résistance de l'air pour une balle animée d'une vitesse de 450 mètres par seconde, équivalant à au moins 93 fois le poids du projectile, doit agir très-énergiquement, quelque faible que soit l'excentricité. Sans doute la résistance de l'air va en diminuant rapidement ; mais ses actions s'ajoutent l'une à l'autre ; c'est une force accélératrice décroissante, dont l'effet va toujours en augmentant par degrés de plus en plus petits. Cette opinion est pleinement justifiée par l'expérience, faite à une grande échelle, de la balle à sabot.

Dans les expériences faites à Vincennes sur le tir des balles sphériques, on a vu, avec surprise, qu'en traversant la balle avec un clou d'épingle, ce projectile présentait un surcroît de justesse très-remarquable, surtout aux grandes distances.

Le clou était placé dans le moule, de telle sorte que sa tête fût au centre de la coquille, et que sa pointe dépassât de 4 à 5 cent. la surface du projectile.

3.

Dans le chargement, la pointe du clou était dirigée vers la poudre, et formait une espèce de queue, placée suivant l'axe de la charge. La présence de cette queue, maintenue par les gaz, s'opposait à ce que le projectile tournât dans le canon ; mais l'effet ne s'arrêtait pas là : autrement le projectile n'aurait pas présenté plus d'avantages que la balle à sabot de la cartouche Brunéel ; il fallait donc que cette pointe empêchât le mouvement de rotation hors du canon [1] ou en diminuât notablement l'énergie. Il résulte de

---

[1] Il y a plus de trente ans que, dans mes cours à l'Ecole militaire de Saint-Cyr, j'ai professé cette idée que la flèche était le type vers lequel devaient se rapprocher les projectiles militaires. La première édition de mon Cours, imprimée en 1837, formule cette idée. Quant à ce qui est relatif au tir des armes à feu, il est évident, pour tout lecteur impartial, que le Règlement de 1845 sur le tir, et beaucoup d'ouvrages relatifs à cet objet, ont eu mon travail pour point de départ. Sans vouloir réclamer bien des idées que j'ai données à des camarades, je ferai remarquer que, dès 1837, mon Instruction signalait la modification qui n'a été faite à la baïonnette qu'en 1846.

Dans la question des armes rayées, j'ai signalé le principe que l'inertie du mobile devait être le moyen de forcement, et j'ai expliqué ce principe à M. Tamisier, alors qu'il s'occupait des balles ogivales à cannelures pour la carabine à tige.

Les balles-flèches, dont j'ai fait l'essai, comprenaient évidemment les balles où le bois est remplacé par un clou, ou celle dont la base est creusée ; ici comme dans mes projectiles, on se propose de porter le centre de gravité en avant.

Les balles allongées creuses me paraissent les meilleures, en ce qu'étant plus légères, elles prennent une plus grande vitesse initiale et donnent une trajectoire plus rasante que les balles pleines. De plus, comme la charge est relativement bien plus

ce que nous venons de dire, que les déviations des projectiles ne sont pas dues uniquement aux mouvements de rotation qu'ils ont reçus en sortant de l'âme des armes à feu,
mais encore à l'action de la résistance de l'air, qui, quand
elle est excentrique, agit à la manière d'une force accélératrice pour modifier le mouvement de rotation que le projectile a acquis dans l'âme et en altérer les conséquences,
soit en augmentant la vitesse de rotation du mobile, soit en
la diminuant, soit en en produisant une s'il n'en avait pas
d'abord.

---

forte, l'effet militaire est bien plus assuré, nonobstant les ava-
ries que les munitions peuvent éprouver à la guerre. Toutefois
les balles creuses doivent présenter assez de solidité, pour ne
point être exposées à se déformer dans les transports, ce qui serait un grave inconvénient, ou à se déchirer dans le canon.

Les balles avec tampon en bois dur me paraissent devoir
être les meilleures ; elles ne sont pas susceptibles de se déchirer
dans l'arme ou de se déformer dans les caissons ou dans les ba-
rils. De plus, elles me paraissent offrir plus de garanties pour
la justesse du tir. Une balle creuse ne me paraît pas assez ré-
sistante pour nettoyer les rayures : comme les parois en sont
fort minces, il est à craindre qu'au bout d'un certain nombre de
coups, elles ne s'affaissent au contact des crasses durcies vers
la bouche du canon, alors que la tension des gaz est fort diminuée, tandis que cet affaissement serait impossible, si ces parois
étaient soutenues par un tampon très-résistant.

On m'objectera que la balle ainsi fabriquée serait très-com-
pliquée. Cette objection n'est plus de mise, depuis l'adoption
de la capsule d'amorce, qui passe par tant de mains et exige
tant de machines, et qui, comme importance, n'est rien relativement à la balle.

Dans les tirs de l'Ecole militaire de Saint-Cyr, où la carabine

THÉORIE DE POISSON.

Poisson, comme on sait, attribue les déviations des projectiles qui sont doués d'un mouvement de rotation au frottement de l'air contre leur surface. Voici en quoi consiste cette théorie :

Supposons, comme nous l'avons déjà fait, que le mobile tourne de gauche à droite autour d'un axe vertical G, *fig.* 7, en même temps qu'il avance de M vers N : il est clair que toute la résistance de l'air est concentrée sur l'hémisphère antérieur ACB, où l'air est comprimé par l'effet de cette résistance, tandis qu'au contraire la résistance de l'air n'agit pas sur l'hémisphère postérieur et que

---

à tige et le fusil rayé lançant les balles à culot tiraient un grand nombre de coups de suite, j'ai toujours remarqué que, vers la fin de la séance, le fusil tirait si mal, relativement à la carabine à tige, que les élèves ne voulaient plus s'en servir. J'attribue cet effet à l'encrassement, et à ce que le forcement par percussion est plus propre à nettoyer les rayures que celui par gonflement.

On sait que l'empereur Napoléon Ier, en créant l'Ecole militaire de Fontainebleau-Saint-Cyr, y avait attaché un professeur de tir d'armes à feu portatives, sous la surveillance particulière des officiers d'artillerie attachés à l'établissement. Vers 1836-37 on pratiquait à Saint-Cyr presque toutes les dispositions du Règlement de 1845 sur le tir des armes à feu portatives. Il nous serait facile de faire voir que bien des choses utiles sont parties de cette modeste fondation. Si nous en parlons ici, ce n'est pas par amour-propre, mais pour signaler les services rendus à l'armée par cette création si simple et si peu coûteuse, et qui fut le germe de nos écoles de tir actuelles.

l'air y est raréfié, puisque le vide tend à se produire dans cette partie.

Or, l'effet du frottement peut se traduire par une force R agissant dans un sens contraire à la rotation. Ainsi, dans l'hémisphère antérieur, qui tourne de gauche à droite, l'effet du frottement sera représenté par une force R agissant de droite à gauche, tandis que pour l'hémisphère postérieur cette force r agira de gauche à droite. Mais la force R due au frottement dans l'air comprimé étant plus grande que celle r due au frottement dans l'air raréfié, la résultante F de ces deux actions opposées agira dans le sens de la plus grande, c'est-à-dire que le mobile déviera à gauche, conséquence directement opposée à celle qu'on déduit de la théorie de Robins et d'expériences spéciales faites sur cet objet [1].

THÉORIE DE D'OBEINHEIM.

D'Obeinheim, en supposant d'abord la surface du mobile infiniment polie, est conduit à faire abstraction du frottement, qui lui paraît devoir être négligeable, et il admet, avec Euler, que le mouvement de rotation d'un

---

[1] Poisson, attaquant ensuite le problème du mouvement du projectile animé du double mouvement de rotation et de translation, conclut que l'effet déviateur du mouvement de rotation est assez minime. Bien que ce résultat soit directement contraire à l'expérience, cependant on doit avouer que les effets du mouvement de rotation ont été un peu exagérés dans ces derniers temps.

projectile sphérique homogène, tournant autour d'un de
ses diamètres, ne peut donner lieu à aucune déviation ; en
un mot, que la résistance due à ce mouvement mixte est
la même que si celui de rotation n'existait pas ; ce qui est
tout à fait en opposition avec les principes posés par Robins et ceux adoptés par Poisson.

Il ajoute ensuite : « Quand une sphère tourne autour
« d'un axe qui ne passe pas par son centre de figure, l'air, à
« vitesse de rotation égale, s'oppose d'autant plus au mou-
« vement que le centre de gravité s'éloigne davantage du
« centre de figure. »

L'auteur explique fort bien comment la résistance de
l'air peut modifier le mouvement de rotation que le projectile a reçu dans la pièce, et changer la position de l'axe
autour duquel ce mouvement a lieu ; mais il ne considère
que l'obliquité plus ou moins grande de la résultante de la
résistance de l'air, par rapport à la ligne que suit actuellement le mobile, sans indiquer les causes qui peuvent amener cette obliquité.

Il explique ainsi comment la trajectoire peut devenir
une courbe à double courbure :

Si l'on suppose que le mobile dévie d'abord, par suite
d'un mouvement de rotation initial, directement contraire
à celui que tend à produire l'action de la résistance de
l'air, cette force, atténuant graduellement le mouvement
de rotation actuel, finira par le détruire complétement et le
remplacera par un autre qui lui sera directement opposé.

Ainsi, la résultante de la résistance de l'air ayant d'abord
une certaine obliquité, cette obliquité diminuera graduellement ; puis cette résultante ayant été pendant un instant pa-

rallèle au plan de tir, prendra, par l'effet du changement
du sens de la rotation, une obliquité opposée à la première.
On voit donc comment le mobile, après s'être écarté du
plan de tir, peut s'en rapprocher, le couper, et se jeter du
côté opposé à celui vers lequel il avait dévié dans les premiers instants.

Si l'on admet, avec l'auteur, que le frottement de l'air ne
joue aucun rôle et est toujours négligeable, il faut de toute
nécessité que la cause déviatrice soit due à la vitesse avec
laquelle chaque point du mobile frappe le milieu. L'auteur
semble donc adopter implicitement la théorie de Robins,
et alors on ne conçoit pas comment il a pu poser, en principe, que tout projectile homogène ne saurait dévier, qu'il
ait un mouvement de rotation ou qu'il n'en ait pas.

Robins et Poisson sont d'accord en ce point, que du
moment où un projectile tourne il doit dévier, qu'il soit
homogène ou qu'il soit excentrique.

LA THÉORIE ACTUELLE EST BASÉE SUR LES EXPÉRIENCES FAITES EN BELGIQUE.

A défaut d'expériences précises sur cet objet, la théorie
de Poisson était à peu près généralement adoptée, lorsque des expériences faites en Belgique de 1832 à 1838
sur les obus à excentricité artificielle vinrent à faire penser que cette théorie était incomplète et que « la résistance
« de l'air ne s'exerce pas, ainsi qu'on l'avait cru jusque-
« là, suivant la tangente à la trajectoire, mais bien dans
« une direction formant un angle aigu avec cette tan-
« gente, et qu'il doit en résulter pour le projectile une

« déviation hors du plan de tir, dans le même sens que
« le mouvement de rotation, c'est-à-dire une déviation
« conforme à celle que le docteur Magnus [1] a trouvée
« dans ses ingénieuses expériences de physique. » (*Revue
de Technologie militaire*, 1854, tom. 1, pag. 421, Mémoire
de M. le colonel Bormann.)

M. le général Piobert admet simultanément l'action du
frottement de l'air sur la surface du mobile, et l'action du
choc des divers points du projectile sur le milieu ; et,
suivant lui, la déviation réelle est le résultat de l'action de
ces deux forces dont les effets sont opposés. Voici comment le savant général s'exprime sur cet objet.

THÉORIE DE M. LE GÉNÉRAL PIOBERT.

« Depuis Robins, qui, le premier, a attribué les dévia-
« tions au mouvement de rotation que les projectiles pos-
« sèdent à leur sortie du canon, on n'a considéré les
« causes déviatrices que comme si les déviations ne pou-
« vaient avoir lieu que dans un sens seulement, lorsque
« l'axe de rotation conserve la même direction par rap-
« port à la trajectoire ; mais l'effet produit par la rotation
« de la balle est plus complexe qu'on n'est disposé à l'ad-
« mettre.

« Si l'on suppose l'axe de rotation vertical et le mou-
« vement de la partie antérieure du mobile de droite à

---

[1] Savant professeur de Berlin, qui, à l'aide de machines et
de courants d'air habilement dirigés, est arrivé à la démonstration physique des effets de la résistance de l'air dans le phéno-
mène des déviations des projectiles.

« gauche, on voit que le mouvement de translation con-
« densant l'air sur la partie antérieure et le raréfiant dans
« sa partie postérieure, les pressions sur les deux hémi-
« sphères et, par suite, les frottements qui en résultent,
« sont différents; celui qui a lieu sur la partie antérieure
« et qui tend à porter le projectile à droite, l'emporte sur
« l'autre, et détermine le sens de la déviation. La vitesse
« de translation diminuant beaucoup plus rapidement que
« celle de rotation, cette cause de déviation va en dimi-
« nuant. » (Poisson.)

« D'un autre côté, si l'on considère ce qui se passe sur
« la surface de l'hémisphère situé à droite de la trajec-
« toire, et dont les éléments se mouvant dans le sens de la
« translation , rencontrent l'air avec une vitesse plus
« grande que celle de ce mouvement, tandis que le con-
« traire a lieu pour l'hémisphère de gauche, on voit que
« les différences des vitesses relatives et des densités de
« l'air à la surface des deux hémisphères, tend à porter le
« projectile à gauche; le mouvement de rotation dimi-
« nuant moins rapidement que celui de translation, cette
« influence va en augmentant. » (Robins.)

« Par l'ensemble de ces faits, on voit que les deux cau-
« ses tendent a faire dévier le projectile dans deux sens
« opposés ; et comme l'influence de l'une diminue et que
« celle de l'autre augmente, quand le mouvement du mo-
« bile se ralentit, elles peuvent, lorsque la vitesse initiale
« est grande, faire dériver le projectile, d'abord dans le
« sens de l'élément postérieur, et ensuite dans le sens
« opposé.

« Ce dernier effet de déviation est très-sensible, même

« à l'œil, lorsqu'on se trouve placé dans le plan vertical
« de tir d'un gros projectile de faible densité. Le projec-
« tile, qui paraît d'abord rester dans le même plan, s'en
« écarte tout à coup vers la fin de sa trajectoire ; malgré
« cette apparence, la première partie de cette courbe est
« à double courbure ; si elle paraît plane, c'est qu'elle
« s'éloigne peu d'un plan vertical, passant par la bouche
« du canon, et près du point d'inflexion de la courbe qui
« la coupe en trois points.

« Ce qui précède s'applique à des projectiles sphériques
« et homogènes ; quand ces deux conditions ne sont pas
« satisfaites, les causes de déviations sont plus grandes et
« d'autant plus que le centre de gravité s'éloigne davan-
« tage du centre de figure. » (*Traité d'artillerie théorique et
pratique. — Précis de la partie élémentaire et pratique.*)

M. le général Didion, dans son excellent *Traité de balistique*, adopte les idées de Robins, et son explication est
à peu près celle que nous avons donnée à la page **26**.

La considération de la proue fluide conduit à la même
démonstration, ainsi que nous allons essayer de le faire
voir.

CONSIDÉRATION DE LA PROUE FLUIDE POUR L'EXPLICATION DES DÉVIATIONS.

On sait que, quand un corps se meut dans un fluide, il
en entraîne toujours une certaine quantité avec lui. Dans
le mouvement des projectiles dans l'air, le fluide est comprimé en avant du mobile et raréfié en arrière.

L'air comprimé constitue une espèce de conoïde appelé

proue qui a pour base la surface antérieure du projectile et qui s'appuie sur le milieu environnant.

Dans cette proue, dont les particules fluides sont renouvelées à tout moment par l'effet du mouvement progressif, les molécules effluentes, attirées par le vide qui tend à se former en arrière, se serrent et glissent le long de la surface latérale du mobile pour se précipiter en arrière, en tourbillonnant, produisant ce qu'on appelle le *remous*, qui, dans certains cas, peut devenir assez énergique pour favoriser un peu le mouvement. D'après les expériences de Hutton, la résistance éprouvée par un hémisphère serait moindre que celle éprouvée par une sphère entière : cet effet me semble dû à l'action du remous sur la base de l'hémisphère.

La proue est évidemment l'intermédiaire entre le projectile et le milieu. Il serait extrêmement curieux d'en connaître la forme, mais on sait bien peu de chose à cet égard.

Quant aux phénomènes qui ont lieu en arrière du mobile, on n'est guère plus avancé; on appelle *poupe* la masse d'air en mouvement qui suit le projectile.

Lorsque l'on tire le canon par une pluie très-fine, ou plutôt par un brouillard très léger, la forme de la proue et de la poupe fluide est quelquefois indiquée, sous l'apparence de colonnes, qui éprouvent souvent des oscillations assez rapides et présentent une certaine régularité.

Bien que l'air soit un fluide très-rare, il mouille, si l'on peut s'exprimer ainsi, les corps qui y sont placés, et adhère fortement à leur surface. Ainsi, un boulet placé dans de l'eau distillée et mis sous la machine pneumatique, laisse dégager, sous la forme de petites bulles, la couche d'air qui adhérait à sa surface, lorsqu'on fait le vide.

Cette adhérence de l'air est d'autant plus forte que le fluide est plus dense ou plus comprimé, et que la surface du mobile présente plus d'aspérités.

On appelle centre de la résistance de l'air un point R, *fig.* 8, tel qu'en imaginant par ce point un plan perpendiculaire à la direction du mouvement, la somme des actions exercée par les filets fluides, au-dessus du plan, est égale à celle des actions qui a lieu au-dessous.

Comme la proue est perpétuellement en mouvement, par l'effet du renouvellement et de la fuite des molécules fluides qui la composent, la direction générale de ce mouvement ondulatoire n'est pas sans influence sur la marche du mobile, et cette influence est évidemment une fonction de la distance GR : aussi doit-on tâcher autant que possible de rapprocher ces deux points, comme dans la balle Nesler, *fig.* 26, et même de porter R en arrière de G, comme dans les flèches [1], *fig.* **27**.

Nous ne pousserons pas plus loin l'étude de la proue fluide ; nous allons examiner maintenant si sa considération ne nous permettrait pas d'expliquer les phénomènes des déviations d'une manière satisfaisante.

---

[1] Dans les flèches des anciens, les pennes, en portant la résistance de l'air à la partie postérieure du mobile, donnaient à celui-ci une stabilité parfaite et maintenaient la pointe du côté du but, et ce projectile n'éprouvait qu'un mouvement oscillatoire, d'autant moins sensible que la flèche était plus longue. Ce mouvement existe sans doute dans tous les mobiles.

Le projectile se mouvant de M vers N, en tournant de gauche à droite, autour d'un axe vertical, *fig.* 8, on voit que le point A, qui s'avance en tournant, refoule et déplace les molécules d'air de la proue, qui, trouvant plus de difficulté à s'échapper, se compriment davantage; tandis qu'au contraire, le point B, tendant à fuir, favorise le mouvement des molécules effluentes : de là résulte que la tension et le frottement du fluide sont plus grands de A à C que de C à B. Ainsi, l'air s'échappant plus librement de C à B que de C à A, la résistance la plus grande a lieu à gauche du plan de tir, et le mobile doit alors être jeté à droite.

Pour un mouvement de rotation directement opposé, le mobile dévierait à gauche.

On démontrerait par des moyens semblables que, quand l'axe de rotation est perpendiculaire au plan du tir, et que le mouvement de rotation a lieu de dessus en dessous, tout l'effet a lieu dans le plan de tir et que la portée se trouve diminuée, tandis qu'au contraire celle-ci serait augmentée, si le mobile tournait de dessous en dessus.

Sans nous livrer à des calculs qui nous conduiraient trop loin, essayons de nous rendre compte des diverses causes qui peuvent produire la déviation.

Nous supposerons que le mobile tourne de dessus en dessous, autour d'un axe horizontal G, *fig.* 9, perpendiculaire au plan de tir, supposé être le plan de symétrie du projectile.

Tâchons de faire la part du frottement et du choc direct du milieu, et pour cela, nous commencerons à examiner ce qui se passe dans le grand cercle A C B, situé dans le plan du tir.

En appelant v la vitesse actuelle du mobile, w sa vitesse de rotation, comme au point A la vitesse w agit suivant la tangente parallèle à MN, le point A frapperait le fluide avec une vitesse $v + w$ et la résistance du milieu serait au moins proportionnelle à $(v + w)^2$; mais l'angle d'incidence est nul : donc l'effet du choc de l'air doit l'être aussi ; il ne reste donc que le frottement et l'adhérence de l'air comprimé pour refouler les filets fluides qui tendent à s'échapper, et à augmenter ainsi la compression de l'air dans la partie inférieure de la proue.

Au contraire, pour le point B qui tend à fuir avec la vitesse w, la vitesse avec laquelle le point frappe le milieu est $v - w$, et la résistance de l'air est proportionnelle au moins à $(v - w)^2$. Ici, comme pour le point A, l'angle d'incidence est nul, et l'effet du choc l'est aussi ; il ne reste donc que le frottement et l'adhérence du milieu, qui, par l'effet du mouvement rétrograde du point B, tendent à favoriser le mouvement et la fuite des filets d'air comprimé, à dégager la partie antérieure du mobile et à diminuer la compression de la partie inférieure de la proue.

Pour deux points intermédiaires $\genfrac{}{}{0pt}{}{m}{m'}$ répondant à un angle d'incidence $\genfrac{}{}{0pt}{}{+i}{-i}$, on aurait pour la vitesse avec laquelle le point frappe le milieu $\genfrac{}{}{0pt}{}{v + w \cos i.}{v - w \cos i.}$. La résistance qui s'y rapporte serait au moins proportionnelle à $\genfrac{}{}{0pt}{}{(v + w \cos i.)^2}{(v - w \cos i.)^2}$.

Or, comme on a $(v + w \cos i.)^2 > (v - w \cos i.)^2$, on voit que, pour tous les points compris entre A et C, la résistance de l'air est plus grande que pour ceux compris de C à B, et que la résistance directe du milieu est plus grande au-dessus qu'au-dessous du mobile.

A mesure qu'on se rapproche du point C, la composante du mouvement de rotation s'atténue, et au point C elle devient nulle, car on a $\cos i = o$. La vitesse avec laquelle ce point frappe le milieu se réduit donc à v ; mais ici le frottement et l'adhérence sont portés à leur maximum.

Toutefois l'effet de ces deux causes est toujours, pour les points de A à C, de contrarier le mouvement des filets fluides et d'augmenter la compression du milieu dans la partie supérieure de la proue, tandis que, pour les points situés de C à B, le mouvement rétrograde, favorisant la fuite des filets d'air comprimé, la tension du fluide est diminuée dans la partie inférieure de la proue.

Puisque l'influence de la rotation est nulle aux points A C B, le centre de la résistance due à cette action, qui est assez faible, se trouve vers le milieu de A C.

Actuellement, si nous supposons le mobile partagé en tranches infiniment minces, parallèlement au plan vertical de tir, les mêmes effets s'observeront dans chaque parallèle, mais avec une intensité qui décroîtra rapidement, par suite de l'obliquité de plus en plus grande du choc des filets fluides sur les diverses zones et de l'atténuation de la vitesse de rotation due à la diminution du diamètre de ces zones ; de telle sorte qu'aux pôles, ou aux extrémités du diamètre qui sert d'axe de rotation, l'effet du choc des molécules fluides sera nul ; tandis qu'au contraire il sera à son maximum dans le grand cercle situé dans le plan du tir. Actuellement, puisque les actions exercées sur chaque cadran supérieur sont plus grandes que celles exercées sur le cadran inférieur correspondant, la résultante de toutes ces actions agira de haut en bas dans le plan de tir, et son point d'application sera situé entre A et C.

Mais comme l'action dont il s'agit ici sera toujours très-faible, relativement à la résistance directe du milieu, il en résulte que le point d'application de la résultante totale sera très-près du point C, et que par conséquent sa direction fera un angle aigu avec la direction de la tangente à la trajectoire normale, c'est-à-dire à celle qui aurait lieu si le mouvement de rotation n'existait pas.

Si le mouvement de rotation avait lieu de dessous en dessus, on trouverait que la résultante totale agirait de dessous en dessus, ainsi qu'il a déjà été expliqué par la méthode de Robins.

Si le projectile tournait de gauche à droite autour d'un axe vertical, on démontrerait que la résultante totale fait un angle aigu avec l'élément de la trajectoire normale et tend à jeter le mobile à droite. L'inverse aurait lieu si le mouvement de rotation était dirigé en sens contraire.

Ce qui précède s'applique aussi bien aux projectiles homogènes qu'aux projectiles excentriques; et si l'on peut en conclure que le tir de ces derniers est plus irrégulier que celui des premiers, cela tient à ce que les mouvements de rotation qu'ils prennent dans la pièce sont plus rapides que ceux que prennent les projectiles homogènes, que leur axe de rotation est moins stable, et que les incidences des filets fluides varient à tout moment.

Nous avons dit précédemment, à l'occasion du tir de la balle à sabot de la cartouche de Brunéel, que nous pensions que la résistance de l'air, par son action excentrique, pouvait déterminer un mouvement de rotation dans le projectile, et que c'était à l'existence de ce mouvement qu'étaient dues les déviations qu'on observait dans le tir, déviations peu différentes de celles des balles libres.

MOUVEMENT DE ROTATION QUE LA RÉSISTANCE DE L'AIR PEUT FAIRE NAITRE DANS LES PROJECTILES EXCENTRIQUES.

Ainsi que je l'ai déjà dit, je pense que la trajectoire des projectiles excentriques est entièrement différente de celle des projectiles homogènes, surtout dans ses éléments constitutifs, dont l'ensemble forme la courbe décrite.

Examinons d'abord comment peut agir la résistance de l'air sur un mobile excentrique, pour y produire un mouvement de rotation, en admettant que par l'effet du forcement ou, pour toute autre cause, il n'ait reçu aucun mouvement giratoire en parcourant l'âme de la pièce.

Supposons d'abord, pour fixer les idées, que le mobile s'avance de M vers N et que le centre de gravité G soit à la droite de l'axe de la pièce et sur le diamètre A O G B, perpendiculaire au plan du tir, *fig.* 10.

La résistance de l'air étant appliquée au centre de figure O, tandis que la force impulsive agit au centre de gravité G, il est clair que ces deux forces formeront un couple qui tendra à produire un mouvement giratoire autour d'un axe vertical projeté en G ; et comme la partie E B F du mobile éprouvera moins de résistance que l'autre, elle partira la première, et le mouvement de rotation aura lieu de droite à gauche dans le sens indiqué par la flèche $x\,y$.

La proue fluide, dont l'axe passe par le point O , tend évidemment à s'écouler dans le sens $x\,y$, et l'adhérence et le frottement de l'air comprimé tendent évidemment à augmenter la vitesse de rotation dans le sens $x\,y$, qui favorise le dégagement des filets effluents.

Dans la suite du mouvement, les forces qui produisent la rotation diminuent jusqu'à devenir nulles, quand les trois points C O G sont dans la direction M N, *fig* 11.

Mais le point C se jetant à droite, en vertu de la vitesse acquise, et par suite de la nouvelle position des points en question, le mouvement de rotation qui tend à s'établir est inverse du premier.

En effet, on voit que les points G et O étant parvenus à une position diamétralement opposée à leur position primitive, le mouvement giratoire qui tend à s'établir est tout à fait contraire au premier, *fig.* 12 : et, si la résistance de l'air restait constante après une révolution entière, le mouvement de rotation serait annulé.

Dans le cas qui nous occupe, la force qui produit le mouvement de rotation varie, à tout moment, suivant la position des points G et O et suivant la vitesse du mobile. Enfin le mobile étant arrivé à la position, *fig.* 13, dans laquelle le centre de gravité est en avant, le bras de levier de la force qui produit le mouvement de rotation est annulé, et le mobile est évidemment dans la position la plus stable qu'il puisse avoir ; car, dans quelque sens qu'il vienne à tourner, il éprouvera plus de résistance qu'il n'en éprouve actuellement : c'est ce qui avait fait croire à quelques auteurs, et à Euler, que les mobiles excentriques, ayant une fois pris cette position, la conservaient pendant tout leur trajet ; mais l'expérience a fait voir qu'il n'en était point ainsi, même pour les mobiles lancés avec une faible vitesse ; qu'en vertu de la vitesse acquise, le point O dépasse bientôt la position M N, et qu'alors les phénomènes se reproduisent dans l'ordre que nous venons d'indiquer.

Ce qui avait fait penser que les mobiles devenaient stables, du moment où leur centre de gravité était en avant du centre de figure, c'est que, quand on lance à la main un corps très-excentrique, la partie la plus lourde est toujours celle qui frappe le sol la première ; mais quand le mobile est lancé par une bouche à feu, la vitesse de rotation qu'il reçoit est tellement considérable, relativement à la faible action que nous venons de signaler, et qu'on pourrait appeler action directrice de la résistance à l'air, qu'on ne saurait préciser par quel point le mobile frappera le sol. C'est ainsi que les bombes, nonobstant leur culot et leur faible vitesse, ne tombent que par hasard la fusée en l'air [1].

On sait que la vitesse de translation diminue très-rapi-

---

[1] Cependant, quand on observe le tir des bombes à une très-petite distance, on remarque que, dans les épicycloïdes que décrit la fusée, les branches que parcourt celle-ci, la flamme en l'air, sont plus longues que celles où cette flamme est en dessous. Il y aurait donc une probabilité plus grande pour que la bombe tombe la fusée en dessus que pour qu'elle tombe la fusée en dessous.

dement et dans un rapport au moins égal à celui des carrés des vitesses. Il en résulte donc que la résistance de l'air est notablement plus grande au commencement d'une révolution qu'à la fin, et qu'après le premier tour le mobile conservera une petite vitesse de rotation dans le sens de la flèche xy, c'est-à-dire de droite à gauche.

La même observation s'appliquant à chaque tour ou révolution du mobile, on voit que la résistance de l'air agira, à la manière des forces accélératrices, pour produire la vitesse de rotation.

L'ACTION DE LA RÉSISTANCE DE L'AIR EST ANALOGUE A L'ACTION DES GAZ DE LA POUDRE SUR LE MOBILE.

Il résulte de ce qui précède que la position initiale des points O et G détermine le sens de la rotation dans l'air comme dans la bouche à feu. Et, en effet, on conçoit que si le mobile restait fixe et que l'air eût sa vitesse, le courant ainsi formé agirait d'une manière analogue au courant des gaz de la poudre dans l'âme de la pièce, en supposant le mobile excentrique, et que l'action dont il s'agit, s'exerçant en sens contraire de celle de la poudre, produirait un mouvement de rotation opposé à celui que l'excentricité a développé dans la pièce, abstraction faite des battements.

COMBINAISON DU MOUVEMENT INITIAL DE ROTATION AVEC L'ACTION DE LA RÉSISTANCE DE L'AIR.

Le mouvement de rotation qui tend à s'établir dans l'air, par l'effet de l'excentricité du mobile, se combinant avec le mouvement que ce dernier a acquis dans la pièce, peut donner lieu aux phénomènes les plus variés.

Toutefois l'action déviatrice de la résistance de l'air ne se développant que graduellement, on conçoit comment il se fait que, pour de petites portées, les déviations soient peu sensibles, tandis qu'elles deviennent très-considérables pour des portées de 1,000 à 1,200 mètres.

LES PROJECTILES EXCENTRIQUES ÉPROUVENT, DE LA PART DE L'AIR, UNE RÉSISTANCE PLUS GRANDE QUE LES PROJECTILES HOMOGÈNES.

Il est facile de démontrer que les projectiles excentriques éprouvent plus de résistance de la part de l'air que ceux qui sont homogènes, et que leurs portées doivent être plus courtes ; ou que, pour des portées données, leurs vitesses restantes doivent être moindres, et qu'ils éprouvent en outre des déviations qui leur sont particulières. Bien que ces faits semblent résulter naturellement de ce que la masse d'air déplacée et choquée par les mobiles est d'autant plus considérable qu'ils sont plus excentriques, cependant la considération de la proue fluide jette un grand jour sur cette question.

En effet, soit un mobile excentrique, tournant de gauche à droite, autour d'un axe vertical passant par son centre de gravité, de telle sorte que le centre de figure O se meuve dans un plan horizontal, et que le mouvement de translation ait lieu de M vers N.

Scit MN, *fig.* 14, la projection horizontale de la trajectoire ; considérons le mobile dans plusieurs positions consécutives, le centre de figure étant en O dans la première, en O′ dans la deuxième, en O″ dans la troisième, etc... On voit que ce centre, en passant alternativement à la droite et à la gauche de MN, décrira une suite d'arcs cycloïdaux qui se rapprocheront d'autant plus, que la vitesse de translation diminuera plus rapidement. Or, le centre de la résistance de l'air r se trouvant en avant du centre de figure, il en résulte que ce centre parcourra également des arcs cycloïdaux de même nature que ceux $O\,O'\,O''$..., et que le chemin décrit par la résistance sera d'autant plus long, relativement à celui parcouru par le centre de gravité, que l'excentricité sera plus considérable.

Or, l'effet de la résistance de l'air peut être assimilé à un travail : on sait qu'un travail se mesure par le produit de la force par le chemin parcouru. On voit donc que la résistance éprouvée par un mobile excentrique est toujours plus grande que celle éprouvée par un projectile homogène. D'un autre côté, le trouble que le passage d'une position à l'autre amène dans la proue fluide doit imprimer à celle-ci un mouvement oscillatoire qui doit encore accroître l'énergie de la résistance, de la même manière qu'un fardeau qui vascille fatigue davantage celui qui le porte que si la charge était fixe.

Ce mouvement ondulatoire tend à imprimer une sorte de vacillement au projectile et à son axe de rotation. Ce mouvement qui persiste par l'effet de l'élasticité du milieu est d'autant plus énergique, que l'excentricité est plus grande; et comme rien ne règle cette action, on conçoit comment il arrive que les déviations aux grandes distances présentent des phénomènes si variés.

Je pense que, dans certains cas, le mouvement oscillatoire de la proue fluide peut, suivant sa direction et son inclinaison, amener de grandes déviations dans les balles de fusil : que ces balles aient un mouvement de rotation ou qu'elles n'en aient point, cet effet est d'autant moins sensible, que la masse de la proue fluide est plus petite relativement à celle du projectile.

Le mouvement de rotation que les armes rayées en spirale impriment à leurs projectiles, en régularisant le mouvement de la proue, ajoute beaucoup à la stabilité des petits projectiles et à la justesse de leur tir, et cela malgré la faiblesse de leur vitesse restante.

La réaction du mouvement de la proue doit avoir une certaine influence sur la courbe décrite par le centre de gravité, et je suis porté à croire que la trajectoire des projectiles excentriques, est une courbe sinueuse, analogue à celle décrite par le centre de la résistance de l'air.

SINUOSITÉS DE LA TRAJECTOIRE.

La résistance que l'air oppose au mouvement de rotation étant la cause des déviations, il est clair qu'en supposant que l'axe de rotation soit fixe, cette même résistance tendra à diminuer la vitesse de rotation du mobile, en supposant même que le projectile soit homogène.

Mais lorsque le projectile est excentrique et que la résistance de l'air tend à y faire naître un mouvement de rotation opposé à celui qu'il a actuellement, on conçoit que l'effet produit doit être bien plus énergique, soit par le choc plus ou moins direct des particules fluides, soit par le frottement et l'adhérence de ces mêmes molécules sur une surface plus étendue.

Indépendamment des conséquences du mouvement de

rotation du mobile pour faire dévier celui-ci, l'action de la masse de la p roue tend à écarter le mobile dans un sens qui dépend de la position initiale des centres de figure et de gravité. C'est ainsi que quand un projectile pénètre dans un milieu, il se jette toujours du côté où il éprouve le moins de résistance.

Cette action, qui décroît rapidement avec la vitesse du projectile, se résume en une force accélératrice dont les accroissements diminuent à chaque révolution du mobile, et dont l'intensité est d'autant plus grande que la masse de la proue est plus forte relativement à celle du mobile et que la durée du mouvement est plus grande. Il semblerait résulter de tout ce qui précède que la trajectoire des projectiles excentriques est une courbe sinueuse dans laquelle, toutes choses égales d'ailleurs, les vitesses restantes sont toujours moindres aux mêmes distances que quand le projectile est homogène, tandis qu'au contraire la force déviatrice va en augmentant d'intensité relative, en sorte que les déviations des projectiles excentriques doivent être beaucoup plus grandes que celles des projectiles homogènes, à vitesses de rotation égales et semblablement dirigées.

Si le balancement de l'axe de rotation d'un mobile peut être produit par les oscillations de la proue ou par toute autre cause, la trajectoire d'un mobile homogène peut être également une courbe sinueuse; mais ici les sinuosités sont beaucoup moins sensibles.

Les déviations dues à l'excentricité et aux mouvements de rotation étant fonction de cette excentricité du diamètre du mobile et de la vitesse de rotation, il semblerait que les déviations des petits projectiles devraient être insensibles; mais comme, à vitesse de rotation égale, les petits projectiles font un plus grand nombre de tours que les gros, si l'on admet qu'à chaque nouveau tour le mobile excentrique reçoit une nouvelle impulsion, il en résulte que, si les impulsions sont plus faibles, elles sont plus nombreuses, et que par conséquent les déviations peuvent être assez importantes, malgré le faible diamètre du projectile. Toutefois il est à croire que le mouvement ondulatoire de la proue fluide joue ici un rôle bien plus important que pour les gros projectiles.

INFLUENCE DE LA FORME ET DE L'ÉTAT DES SURFACES DU MOBILE.

Le degré de rugosité ou de poli des surfaces des mobiles doit jouer un certain rôle dans les effets des déviations, puisque, si les surfaces étaient parfaitement lisses et polies, les effets de l'adhérence et du frottement des filets fluides seraient amoindris; il en serait de même relativement aux chocs qui ont lieu sous de faibles incidences.

Le défaut de sphéricité des mobiles joue aussi un rôle très-important, ainsi que l'a observé Euler. Bien que nos projectiles actuels soient beaucoup plus parfaits que ceux qu'employaient nos ancêtres, on conçoit que cette perfection n'est que relative, et que les projectiles les plus parfaits ne sont jamais exactement sphériques.

Les effets dus à ces dernières causes sont peu importants, et semblent échapper à l'observation pour les projectiles dont l'artillerie fait usage maintenant [1].

----

[1] Il serait curieux de comparer le tir de projectiles parfaite-

CONSÉQUENCES DE LA THÉORIE ACTUELLE DES DÉVIATIONS.

Il résulte de la théorie actuelle des déviations que, du moment où un projectile homogène ou excentrique est doué d'un mouvement de rotation, il dévie, et que sa trajectoire est modifiée par l'augmentation ou la diminution de la composante verticale de la résistance de l'air, selon que le mouvement a lieu de dessus en dessous ou de dessous en dessus. Dans le premier cas, la grandeur des ordonnées est diminuée, et dans le second, elle est accrue, et ces effets arrivent au maximum quand l'axe de rotation est perpendiculaire au plan de tir et que le centre de figure est dans ce plan. Dans ce cas, la déviation est nulle, *fig.* 15.

On conçoit qu'on pourrait arriver à faire coïncider la trajectoire expérimentale avec la trajectoire théorique, en faisant varier la gravité g suivant une loi convenable ; dans les mouvements lents, on pourrait prendre pour g une valeur moyenne qui permettrait d'apprécier les variations que présentent les portées.

Le même projectile, tiré avec la même charge, sous le même angle de projection, et avec la même pièce, a donc deux trajectoires différentes, ABC et A*bc*, entre lesquelles la différence entre les points de chute du mobile est la plus grande possible, quand les mouvements de rotation

---

ment polis, et aussi sphériques que possible, avec celui des projectiles ordinaires. L'essai pourrait avoir lieu avec une bombe de 22 cent. ordinaire et une bombe de précision de même calibre, qu'on tirerait alternativement avec le même mortier sous le même angle et avec la même charge et la même poudre.

ont lieu dans des sens opposés ; et, comme l'action accélératrice dont il est question ici est une fonction de la résistance que l'air oppose aux mouvements de rotation et de translation, il en résulte que plus les vitesses seront grandes et plus la durée du mouvement sera considérable, plus les altérations de portée et de direction observées entre les deux trajectoires deviendront sensibles.

Si l'on considère, comme dans la figure 15, le cas où le mouvement de rotation a lieu autour d'un axe perpendiculaire au plan de tir, le centre de figure se mouvant dans ce plan, la déviation est nulle et la différence entre les portées arrive à son maximum. Pareillement, la différence entre les ordonnées MP et mP des deux trajectoires devenant la plus grande possible, dans ce cas on pourra, en tirant contre des panneaux convenablement placés, apprécier l'influence du mouvement de rotation du projectile sur la courbe qu'il décrit, et cela, qu'il soit homogène ou excentrique.

LES DÉVIATIONS DES PROJECTILES HOMOGÈNES N'ONT POINT ÉTÉ ÉTUDIÉES JUSQU'A PRÉSENT.

Jusqu'à présent les effets des mouvements de rotation des projectiles homogènes, ou sensiblement homogènes, n'ont point été étudiés, et je ne connais aucune expérience directe sur cet objet important, si ce ne sont les essais de Robins sur des balles de plomb. Il me semble cependant que la théorie des déviations est assez essentielle pour mériter qu'on fasse quelques expériences pour l'établir sur des bases solides ; et, pour arriver à ce résultat, il suffirait d'imprimer à un mobile homogène, ou sensiblement

homogène, une impulsion excentrique propre à y déterminer un mouvement de rotation, dans tel sens qu'on voudrait. En comparant les portées ou hauteurs qu'on obtiendrait, par exemple, avec un mobile tournant de dessus
en dessous, avec celles qu'on observerait quand la rotation est dirigée en sens inverse, et tenant compte des
angles de départ dans les deux cas, on pourrait apprécier
l'influence du mouvement de rotation dans les projectiles
homogènes. Quant aux projectiles excentriques, je pense
qu'il serait nécessaire de tirer, autant que possible, avec le
même projectile, dont on placerait les centres de figure et
de gravité de manière à produire les mouvements de rotation dont on voudrait observer les effets. Dans la détermination des hauteurs, je crois qu'il faudrait tirer à des
distances de 200 à 400^m au plus, afin de pouvoir observer les différences des ordonnées avec plus de précision,
car aux distances où l'on tire ordinairement, c'est-à-dire
à 500 ou 600^m, la chance de toucher le but est trop faible
pour qu'on puisse rien conclure des résultats obtenus, et
d'ailleurs une foule de causes viennent modifier le mouvement des projectiles et masquer les résultats qu'on se
propose d'observer.

DES DIFFÉRENTS AXES DE ROTATION DES MOBILES ET DE LEUR STABILITÉ RELATIVE.

Les mobiles lancés par les bouches à feu étant des solides de révolution, présentent deux axes principaux dont
l'un, appelé axe du plus grand moment d'inertie, ou axe
majeur, tend toujours à prédominer ; le deuxième, appelé
axe du plus petit moment d'inertie, ou axe *mineur*, est

beaucoup moins stable que le premier [1]. Dans une balle allongée, l'axe mineur est longitudinal, et l'axe majeur est transversal.

------

[1] On sait qu'une force est le produit de la masse par la vitesse ; qu'on appelle moment d'une force le produit de cette force par la distance de son point d'application à une ligne quelconque. Or, si l'on considère un corps qui tourne autour d'un axe, la vitesse d'une de ses molécules sera proportionnelle à sa distance d à l'axe, et si m est la masse de la molécule qu'on considère, md sera la force et md^2 sera son moment d'inertie.

Agissant de même pour toutes les molécules, on aura $S = md^2 + m'd'^2 + m''d''^2$, etc.

Pour un autre axe de rotation on aurait $S = mh^2 + m'h'^2 + mh''^{2''}$.

On appelle axe du plus grand moment d'inertie, ou axe majeur, celui pour lequel le moment S est un maximum, et axe du plus petit moment d'inertie, ou axe mineur, celui pour lequel il est un minimum. Il existe bien un troisième axe, appelé axe moyen, mais sa considération ne s'applique pas aux projectiles de l'artillerie.

Si nous supposons un mobile cylindrique terminé par deux hémisphères, l'axe du plus petit moment d'inertie sera longitudinal, et l'axe du plus grand sera transversal. On conçoit, en effet, que, comme la somme des molécules des corps reste la même dans quelque sens que la rotation ait lieu, les produits mh^2, $m'h'^2$, $m''h''^2$, etc., seront d'autant plus prépondérants que le mobile sera plus allongé relativement à son diamètre.

Dans un ellipsoïde aplati, *fig.* 25, comme celui dont AB est le diamètre circulaire, l'axe du plus grand moment d'inertie serait CD perpendiculaire à AB. Dans les carabines où la balle ronde est légèrement aplatie par le forcement, comme dans le pistolet d'officier, le projectile a la plus grande stabilité possible, parce qu'il tourne autour de son axe majeur.

Un mobile lancé dans l'espace tourne autour d'un axe dit instantané de rotation, parce que cet axe change, à tout moment, pour se rapprocher de l'axe du plus grand moment d'inertie, car le plus grand moment d'inertie tend toujours à prédominer sur les autres.

Les projectiles, quelque réguliers qu'ils soient, ne tournent autour de l'axe de leur plus petit moment d'inertie que par des procédés artificiels, comme le carabinage de l'âme des armes qui servent à les lancer ; mais la tendance des mobiles à se renverser est d'autant plus grande, que le moment d'inertie maximum ou majeur est plus grand, de sorte que, si le mouvement dure assez longtemps, le mobile finit par tourner autour de l'axe majeur.

Dans un projectile sphérique excentrique, l'axe du plus grand moment d'inertie diffère peu du diamètre; si le mobile présente une soufflure ou une chambre excentrique, l'axe du plus grand moment d'inertie est le diamètre qui passe par le milieu de cette cavité.

Dans un mobile sphérique creux, comme celui représenté *fig.* 21, on voit que DD′ est l'axe du plus grand moment d'inertie, puisque la somme des produits md^2, $m'd'$ et $m''d''^2$ est plus grande autour de DD′ qu'autour de CC′ perpendiculaire à DD′, car pour CC′ la masse la plus forte a des espaces moins grands à parcourir.

LE MOUVEMENT DE ROTATION DE DESSUS EN DESSOUS PARAIT FAVORABLE A LA JUSTESSE DU TIR ET A LA CONSERVATION DE LA PIÈCE.

Dans la sphère, tous les diamètres sont égaux ; et si le projectile est sensiblement homogène, les moments d'inertie étant à peu près égaux, l'axe du moment maximum n'a qu'une faible prépondérance. De là résulte que l'axe de rotation a d'autant plus de fixité que le mouvement de rotation est plus rapide et que les causes qui tendent à déplacer cet axe sont moins énergiques : ainsi, quand l'axe de rotation est perpendiculaire au plan de tir, si ce plan est celui de symétrie du projectile, le tir acquiert une certaine précision.

Lorsqu'on lance un projectile oblong, dans un canon non rayé, le mobile, en vertu du vent, tend à tourner autour de l'axe de son plus grand moment d'inertie, qui généralement a une position transversale. En vertu de cette tendance, le mobile s'arc-boute et produit de grandes dégradations, surtout à la bouche. C'est à ce mouvement des mobiles oblongs qu'est dû l'insuccès de quelques essais faits sur les canons rayés lançant des projectiles allongés. Si le projectile est sphérique, fût-il très-excentrique, le mouvement normal qui résulte du vent tend à favoriser la sortie du mobile, et ce mouvement est d'autant plus essentiel que la pièce est d'une exécution moins parfaite.

Dans les anciennes bouches à feu, le mode de chargement étant favorable à la production du mouvement de rotation normal, était à la fois un moyen de conservation pour la pièce et de précision pour le mobile qu'elle lançait.

Dans une bouche à feu neuve, bien exécutée, le projectile, reposant exactement sur la paroi inférieure de l'âme, reçoit, comme on l'a vu, par l'effet des gaz sur sa partie supérieure, le mouvement de rotation dont nous venons de parler, et tant qu'il n'y a pas de battement supérieur pour altérer ce mouvement normal, on obtient une fort belle justesse de tir. C'est peut-être cette supériorité, généralement reconnue, qui a conduit à astiquer et à polir les bouches à feu en bronze, pour leur donner l'apparence de pièces neuves.

ANCIEN MODE DE CHARGEMENT DES BOUCHES A FEU.

Valière ayant conservé l'ancien mode de chargement des bouches à feu, la supériorité de ses canons en bronze de gros calibre sur ceux de Gribeauval tient, suivant moi, à la violence du mouvement de rotation imprimé au boulet, et au léger déplacement qui en est la suite, dans les premiers instants de la combustion de la charge, et surtout au mode d'inflammation de celle-ci. On sait que, dans les pièces du système de Valière, comme dans celles des anciens artilleurs, le chargement s'effectuait à la lanterne et que le fond de l'âme présentait un porte-feu A, *fig.* 16, dans lequel on versait la poudre, en remplissant le canal de lumière.

On conçoit que, par ce mode de chargement, il y avait toujours un vide assez considérable entre la poudre et la paroi supérieure de l'âme ; or, le feu étant communiqué par l'intermédiaire du porte-feu, les gaz acquéraient une certaine tension et une certaine vitesse, dans cette petite chambre, avant de s'en échapper, et le courant ainsi formé se mouvait suivant une direction ABC, *fig.* 16, vers la partie supérieure du boulet ; puis l'inflammation tendait à se propager par couches presque horizontales, en commençant par les parties supérieures. On conçoit que ce mode d'action facilitait le dégagement des gaz, dans les premiers instants du tir, et devait faire naître un mouvement de rotation très-violent dans le projectile, mouvement auquel j'attribue en partie la résistance des anciennes bouches à feu, car il est à présumer que le mobile, par l'effet de ce mouvement, éprouvait un léger déplacement, ce qui empêchait que le logement ne se formât aussi rapidement. De plus, la masse de la poudre, qui n'était point encore brûlée ou entièrement brûlée, était pressée sur la paroi inférieure, et l'action de sa masse était bien moins énergique.

EFFETS DESTRUCTEURS DES GARGOUSSES DE CALIBRE.

On sait quels furent les effets destructeurs qui résultèrent de l'emploi des charges renfermées dans des gargousses de calibre, combiné avec l'action du porte-feu. C'était évidemment comme si la lumière avait été placée dans l'axe de la pièce : l'action de la masse de la charge y était portée à son maximum.

Gribeauval avait reconnu, avec la sagacité qui le distinguait, qu'il y avait avantage, pour la conservation des canons de gros calibre, à employer des gargousses d'un diamètre plus petit que celui de l'âme ; mais dans la suite, on crut que cette disposition était le résultat d'une erreur, on adopta l'usage des gargousses de calibre ; on pensait qu'en diminuant l'espace occupé par la charge, celle-ci produirait un plus grand effet, *fig.* 17. On vit alors des canons de 24 mis hors de service après un très-petit nombre de coups, et les choses en arrivèrent à ce point, que le général d'artillerie Gassendi se demandait si nous avions réellement une artillerie de siége.

On était si loin de se douter de la cause de la destruction rapide des bouches à feu de gros calibre, que le général que nous venons de citer pensait qu'il serait avantageux de faire arriver la lumière au centre du fond de l'âme, c'est-à-dire dans l'axe de la pièce. Ce moyen, essayé dans ces derniers temps, semble correspondre au maximum de dégradations et au minimum de durée des bouches à feu, ce qui tient, sans doute, à ce que toute la masse de la poudre est immédiatement mise en jeu par ce mode d'inflammation.

La suppression du porte-feu aurait donc été, d'après mes idées, une petite amélioration ; mais le jet de feu **AB** produit par l'étoupille *fig.* 17 amenait un fort grand trouble dans la masse de la charge, et produisait des effets destruc-teurs très-énergiques, quoiqu'un peu moins puissants qu'a-vec le porte-feu.

AVANTAGES DES GARGOUSSES ALLONGÉES.

L'adoption des gargousses allongées fut une grande amé-lioration. Ce procédé se rapporte évidemment au charge-ment à la lanterne, et le vide qui se trouve entre la charge et la paroi supérieure du canon amène de suite un courant qui tend à dégager l'âme, à produire le mouvement nor-mal de rotation du mobile, à presser la poudre qui n'est point encore brûlée, sur la paroi inférieure de la pièce, et à empêcher, jusqu'à un certain point, que sa masse n'entre en jeu. Cependant ce chargement présente encore le dé-faut du chargement à gargousse, par le trouble que l'em-ploi de l'étoupille amène dans la charge et par la propa-gation irrégulière du feu.

Il semblerait que les considérations dont nous nous occu-pons ici ne s'appliquassent qu'aux bouches à feu en bronze ; mais pour peu qu'on réfléchisse à ce qui se passe dans la fonte, on voit qu'un mode de chargement qui amène la dilatation de l'âme, ou la formation d'un fuseau dans un canon en bronze, pourrait amener ou préparer l'éclatement d'un canon en fonte, et qu'un chargement inoffensif pour un canon en bronze l'est également pour un canon en fonte.

L'action de la poudre dans les armes à feu est encore peu connue, mais plusieurs faits semblent démontrer que l'action de sa masse est préjudiciable à la conservation des armes.

ESSAI D'UN NOUVEAU MODE DE CHARGEMENT.

Je suis porté à croire que le débandement lent et régulier des charges est éminemment propre à la conservation des bouches à feu. Il serait curieux d'essayer si le porte-feu, placé à la partie supérieure de la charge, combiné avec l'emploi des gargousses coupées sur place, *fig.* 18, ainsi que je l'ai proposé dans un autre ouvrage, ne permettrait pas l'emploi de charges plus fortes que celles usitées, et ne donnerait pas, à consommation égale, de plus grandes vitesses et un tir plus exact, sans que les pièces en fussent plus fatiguées.

On voit, *fig.* 18, que le porte-feu A répond au vide qui existe entre la surface supérieure de la poudre, représentée par BC, et que la charge repose ici sur les parois de l'âme sans aucun intervalle. Il doit résulter de cette disposition que le courant de gaz qui s'échappera du porte-feu parcourra rapidement le vide BAC, enflammant la partie supérieure de la charge, qui brûlera par couches horizontales, que la masse de la poudre sera pressée sur la paroi inférieure de l'âme, et que cette masse n'entrera plus en jeu d'une manière désastreuse pour la conservation de la pièce.

Le chargement dont il s'agit ici est trop compliqué pour être admis, autrement que comme mode d'expérimentation ; mais s'il venait à réussir, on pourrait peut être arriver à en réaliser tous les avantages, à l'aide de gargousses en papier, convenablement préparées, et sans qu'il fût nécessaire que la pièce présentât un porte-feu.

Ainsi, par exemple, imaginons qu'on fasse une gargousse de calibre présentant un diaphragme AB, en fort papier, destiné à ménager au-dessus de la poudre un vide ACB, *fig.* 29, renfermant une petite quantité de poudre, mêlée de globules ou graines assez grosses pour que leurs interstices laissent aux gaz une libre issue.

Cette gargousse étant placée dans la pièce, la partie ACB correspondant à la paroi supérieure, il est clair que le feu de l'étoupille aboutissant dans le vide ACB, les premiers gaz formés auront acquis une certaine vitesse, dans le sens de l'axe, avant que le feu soit communiqué à la charge, et alors, celle-ci étant pressée sur la paroi inférieure, et enflammée par sa partie supérieure, tendra à brûler par couches horizontales, ou à peu près parallèles à l'axe, et bien plus régulièrement que quand on employait le chargement à la lanterne. Une bande de papier de couleur, collée sur la gargousse, indiquerait comment on devrait la placer, et préviendrait toute espèce d'erreur ou de tâtonnement dans le service.

En suivant attentivement les expériences, je suis persuadé qu'on arriverait bientôt à trouver une solution convenable du problème dont il s'agit ici, soit qu'on adopte la cartouche dont nous venons de donner la description, soit qu'on en trouve une nouvelle plus simple et d'un meilleur service.

Par ce mode de chargement, le projectile acquerra la plus grande vitesse de rotation possible ; ce qui doit, ce me semble, contribuer beaucoup à assurer la justesse du tir et à atténuer l'effet des battements.

Toutefois ce procédé, qui s'applique aux canons et aux obusiers courts, n'est propre qu'à produire le mouvement de rotation de dessus en dessous ; pour produire le mouvement inverse, il faut avoir recours à l'emploi des chambres excentriques.

EMPLOI D'UNE BOUCHE A FEU A CHAMBRE EXCENTRIQUE POUR LES EXPÉRIENCES A FAIRE.

Afin que l'excentricité de la chambre produise tout son effet, nous croyons devoir limiter la longueur de la pièce à six ou sept calibres ; l'excentricité nous paraît devoir être fixée à $\frac{1}{9}$ de calibre, *fig.* 20. La pièce destinée à ces essais serait cylindrique extérieurement ; la culasse serait coupée carrément, et la lumière aboutirait au centre du fond de la chambre ; la bouche à feu n'aurait pas d'angle de mire, afin qu'on pût la pointer à l'aide d'une parallèle à l'axe. Le calibre de cette bouche à feu serait de 162 millim., son poids de 1800 kilog.

La bouche à feu serait montée sur un porte-tourillons en fonte, présentant des supports angulaires entre lesquels reposerait la pièce, et un fort appui destiné à butter la culasse. Les tourillons seraient ceux du canon de 30, et le système serait disposé de manière à pouvoir être placé sur l'affût de ce calibre.

La pièce se fixerait au porte-tourillons au moyen de colliers en fer ; elle pourrait tourner entre ses colliers et le porte-tourillons. A cet effet, la bouche présenterait deux anneaux destinés à recevoir la pince de deux leviers qui serviraient à donner à la chambre la position qu'on jugerait à propos de lui faire occuper. Deux lignes en croix seraient tracées sur la tranche de la bouche : l'une, située dans le plan des deux axes de l'âme et de la chambre, et la deuxième perpendiculaire à ce plan. A l'aide d'un fil à plomb ou d'un niveau à bulle d'air, il serait facile de donner à la chambre excentrique l'une des quatre positions principales qu'elle peut avoir.

Nous croyons pouvoir fixer le diamètre de la chambre à 12 cent. et la charge à 2 kilog. Dans ces conditions, les vitesses imprimées aux projectiles seront assez considérables pour qu'on puisse en tirer des conséquences concluantes en ce qui touche la théorie des déviations des projectiles homogènes.

ESSAIS PRÉLIMINAIRES.

Pour éviter des essais toujours coûteux, il serait curieux d'essayer, dans les obusiers courts, de faire usage de gargousses de calibre, *fig.* 21, dans lesquelles on mettrait un onglet en bois léger, destiné à reposer sur la paroi de la chambre, et à donner à la masse de la poudre une position excentrique par rapport au projectile ; la hauteur de l'onglet me paraît devoir être réglée à $\frac{1}{3}$ de calibre au moins. Si ce moyen réussissait, on pourrait imprimer au projectile un mouvement de rotation de dessus en dessous, ou des mouvements latéraux de gauche à droite et de droite à gauche. Quant au mouvement de dessous en dessus, les onglets devraient présenter une ouverture répondant à la lumière ; on placerait un dégorgeoir très-long dans celle-ci, afin de s'assurer de la possibilité de mettre le feu à la poudre, et on ne retirerait le dégorgeoir que pour mettre l'étoupille et tirer. Le dégorgeoir pourrait présenter un épaulement rembourré, faisant office de doigtier.

Si ce moyen réussissait, on pourrait alors établir la pièce d'épreuve dont il est question. Nous pensons que cette bouche à feu pourrait être fabriquée en fonte.

Au moyen du tir au pendule, on déterminerait non-seulement la vitesse de translation du mobile, mais encore sa vitesse de rotation à l'aide de repères que présenterait sa surface : la différence dans la position de ces repères, soit dans la pièce, soit dans le récepteur, permettrait de calculer la vitesse de rotation.

Tirant ensuite un certain nombre de coups dans des positions opposées, il serait possible, par la différence entre les déviations, entre les portées ou entre les hauteurs, de déterminer l'influence déviatrice du mouvement de rotation dans les projectiles ordinaires.

Mais, dans toutes ces épreuves, il importe de tenir compte des angles de départ par un moyen simple et économique, comme celui employé par Lombard, afin de s'assurer si, par l'effet d'un battement, la vitesse de rotation n'a pas été éteinte et transportée au centre de gravité, et si l'angle de projection n'a pas été augmenté ou diminué.

Si l'on admet que le mouvement de rotation de dessus en dessous est utile pour la conservation de la pièce et la justesse du tir, le mode d'inflammation des charges pour les canons que nous avons indiqué page 69, l'exhaussement de l'axe de la chambre de $\frac{1}{9}$ de calibre au-dessus de l'axe de l'âme, dans les obusiers et les mortiers, nous paraissent devoir produire de très-bons effets.

Les avantages que présentent les projectiles ordinaires, ou sensiblement homogènes, sont : de n'exiger ni soins, ni tâtonnements pour être mis en place. Puis, si le mobile éprouve quelque déplacement dans l'âme, ou en ricochant sur le sol, les conséquences de ces chocs sont moins actives pour l'écarter de sa direction.

EFFETS DE L'EXCENTRICITÉ DANS LES PROJECTILES ORDINAIRES.

Lorsque l'excentricité est très-faible, les variations qu'on observe dans le tir par suite de différences dans les positions respectives des centres de figure de gravité et dans l'âme de la pièce, sont très-faibles et se confondent avec les anomalies du tir. C'est, du reste, ce que semblent confirmer toutes les expériences faites en France et à l'étranger.

Nulle part la question de l'excentricité n'a été étudiée avec autant de soin qu'en Belgique. Voici ce que dit M. Delobel dans sa *Revue de Technologie militaire*, tome 1er, 1854, page 372 : « C'est surtout pour les boulets ordinaires, où « l'excentricité est très-faible, que la position du centre « de gravité par rapport au centre de figure n'a qu'une « influence inappréciable sur les résultats du tir, ainsi « que le prouvent de nombreuses expériences faites de- « puis quinze ans dans l'artillerie belge. » Mes propres observations sont parfaitement d'accord avec ces résultats en ce qui concerne le tir aux distances ordinaires; mais je crois qu'il n'en serait plus de même pour des portées très-grandes et de longue durée (page 32).

Lorsque les bouches à feu neuves sont bien exécutées, elles donnent avec nos projectiles ordinaires une fort belle justesse de tir, que j'attribue à la violence du mouvement giratoire et à la position correcte de l'axe de rotation ; dans cette période, de durée très-variable, s'il n'y a ni logement ni battement, le projectile conserve l'horizontalité de son axe de rotation, et a toute la vitesse de rotation due au courant de gaz qui passe au-dessus de lui.

CAUSES QUI AMÈNENT LA DÉGRADATION DES BOUCHES A FEU.

Mais au bout d'un temps, ou plutôt d'un nombre de coups, d'autant moindre que la pièce est d'un plus fort calibre et qu'elle tire à plus grande charge, la bouche à feu perd graduellement cette belle justesse de tir qu'elle avait dans l'origine. Toutefois la bouche à feu conserve assez longtemps le degré de précision nécessaire pour le but qu'on se propose à la guerre, où il est rare qu'on ait à tirer sur un point isolé ; et comme les dégradations dépendent de la constitution intime de la pièce, des circonstances de son tir et du mouvement du projectile dans l'âme, les bouches à feu sont très-diversement modifiées ou altérées par le tir ; certaines, qui sont très-peu influencées, ont la réputation d'être bonnes, et d'autres sont considérées comme mauvaises. J'ai vu autrefois des bouches à feu très-anciennes qui avaient conservé une fort belle justesse de tir, tandis que d'autres, d'une date bien plus récente, n'étaient pas, à beaucoup près, d'un aussi bon service.

La pression des gaz sur la partie supérieure du projectile est une véritable percussion dont les effets se manifestent dès l'épreuve des bouches à feu. On sait qu'on ne tolére aucune trace de logement dans les canons, après la mise au calibre exact, et que dans les obusiers on accorde une tolérance de $0^{mm}4$ en profondeur.

On conçoit que, par l'effet du service de la bouche à feu, les logements, que l'alezage ou la mise au calibre exact a fait disparaître ou a atténués, reparaîtront bientôt, ou acquerront une plus grande profondeur; et comme le métal ne saurait être également résistant dans toutes ses parties, il arrivera bien rarement que le logement sera placé symétriquement sur la génératrice inférieure, déterminée par le plan vertical passant par l'axe de la bouche à feu; alors le mobile n'étant pas placé symétriquement dans la pièce, son mouvement approchera ainsi de plus en plus d'être latéral. L'explication que Lombard donne des déviations du boulet de **24**, observées dans les expériences faites à la Fère en **1771**, justifie pleinement ce que nous venons de dire.

DES PROJECTILES A EXCENTRICITÉ ARTIFICIELLE.

Chez quelques puissances du Nord on a adopté l'usage de projectiles à excentricité artificielle, en calculant celle-ci de telle sorte que le projectile acquière dans la pièce un mouvement de rotation très-violent, de dessus en dessous, susceptible de paralyser l'action des battements. Cette idée nous paraît fort rationnelle; elle est, ce me semble, le corollaire de ce que nous avons dit à l'occasion des pièces neuves.

On conçoit que, dans cette espèce de projectile, il devient nécessaire de connaître parfaitement les positions respectives des centres de figure et de gravité, ainsi que nous l'avons expliqué pages 19 et 20, et que l'exactitude du tir dépend évidemment de la position que ces centres occupent dans l'âme de la pièce. Si les deux centres ne sont pas dans le plan du tir, le mobile déviera et son axe de rotation n'étant pas horizontal, la portée sera modifiée.

On a inventé, en Belgique, une machine très-ingénieuse destinée à déterminer la position des centres en question, qui, étant repérés, permettent de placer le projectile dans l'âme, de manière à obtenir le résultat qu'on se propose.

Dans les expériences faites en Belgique, un obus de 15 cent. présentant une excentricité de $1^{mm}85$, pesant 8 kilog. 0,25, ayant été tiré sous l'angle de 8°, a donné une portée de 985^m5 lorsqu'on plaçait le centre de gravité en dessous, et une portée de 1840^m5, quand ce centre se trouvait en dessus; les moyennes ont été prises sur cinq coups.

Lorsqu'on plaçait le centre de gravité à hauteur du centre de figure, à droite ou à gauche de l'axe, l'écart moyen total a été de 112^m, dont la moitié, ou 56^m, doit être attribué au mouvement de rotation pour la portée de 1200^m (*Traité de balistique* de M. le général Didion).

En plaçant les deux centres suivant l'axe, on obtenait à peu près les mêmes portées, que le centre de gravité fût en avant, ou qu'il fût en arrière.

Les expériences faites en Belgique ont été répétées en France, à l'école de Metz, vers 1839, avec des obus de 22 cent. « dont les poids étaient 27 kilog. 9 et 29 kilog. 85,

« et dont un culot réservé à la partie opposée à la lumière
« de l'obus, combiné avec le vide de cette lumière, don-
« nait une excentricité de 0^m0015 et de 0^m002. Ils ont été
« tirés avec l'obusier de siége à la charge de 1 kilog. 500
« et avec l'obusier de côte, à celles de 1 kilog. 50 et de
« 3 kilog. sous l'angle de 4°-6′ au-dessus du terrain ; on
« plaçait alternativement le centre de gravité au-dessous
« ou au-dessus du centre de figure. » (*Traité de balistique*
« de M. le général Didion).

BOUCHES A FEU.	CHARGES.	POIDS des obus.	PORTÉES MOYENNES SUR 3 COUPS. Le centre de gravité	
			En bas.	En haut.
Obusier de siége.	1.500	29.9 27.9	518 mètres. 548 —	950 mètres. 941 —
Obusier de côte.	1.50	29.9 27.9	712 — 731 —	1163 — 1009 —
Idem. . . .	3	29.9 27.9	1072 — 1117 —	1557 — 1320 —

M. Didion dit que les obus non excentrés ont donné
des portées intermédiaires entre les précédentes.

D'après les observations que j'ai faites à Saint-Cyr, je
suis porté à croire qu'il se passe, dans le tir des projectiles excentriques, des phénomènes qui n'ont pas encore
été bien étudiés, et que l'action des battements y
joue un rôle plus important qu'on ne le croit communément.

J'observerai d'abord, quant aux expériences de Metz, qu'en supposant l'obus de 22 cent. pesant 29 kilog. 9, animé d'une vitesse initiale de 236^m (*Traité de balistique* de M. Didion, page 372), et celui de 27,9 animé de celle de 238^m, les portées de ces deux projectiles dans le vide auraient été respectivement de 809^{m}8 et de 823^{m}6; or, je ne pense pas qu'on puisse admettre que la portée d'un projectile excentrique puisse jamais être plus grande dans l'air que dans le vide. Ici les différences sont tellement grandes que, si elles étaient réelles, il faudrait voir dans les projectiles excentriques, un nouveau moyen d'étendre les effets de l'artillerie au delà des limites ordinaires du tir, ce qui me semble directement contraire à la théorie et à l'observation.

A la vérité, il a pu arriver que la vitesse initiale ait été réellement plus forte que 236^m pour l'obus du poids de 29 kilog. 9 lancé avec une charge de 1 kilog. 500. Mais elle devait être peu différente; tandis que pour que la portée de 1163^m eût été obtenue dans le vide, on aurait dû avoir V $= 282,8$, vitesse qui certainement n'a pas eu lieu.

Si l'on prend 937^m pour portée moyenne de l'obus, on trouve à l'aide des tables de tir, V $= 304^m$; ce qui est tout à fait inadmissible, cette vitesse répondant à peu près à la charge de 3 kilog.

Si l'on considère la vitesse de 236^m comme la vitesse réelle, on trouve une portée de 672^m en tenant compte de l'élévation de la pièce. Il faudrait donc conclure que, dans tous les cas, la portée se trouve augmentée, ce qui est tout à fait contraire à la théorie.

En définitive, pour les cinq premières lignes du tableau ci-dessus, les grandes portées étant égales ou supérieures à celles qu'on obtiendrait dans le vide, avec les vitesses initiales probables des mobiles, ces portées me paraissent beaucoup trop fortes ; quant à la sixième ligne, les résultats qu'elle contient me semblent assez rapprochés de la vérité.

D'après cette discussion, je serais porté à croire que, par l'effet des battements et du transport des forces au centre de gravité, il y a altération dans les angles de départ des mobiles, et que c'est à cette circonstance, principalement, qu'est due l'énorme différence qu'on a observée entre les portées des obus excentriques, selon que le centre de gravité se trouvait au-dessus ou au-dessous de l'axe de l'obusier.

Il serait donc à désirer qu'on refît quelques expériences sur cet objet, en déterminant les vitesses initiales, mesurant soigneusement les angles de départ du mobile, et en calculant si les altérations de portée qu'on remarque ne sont pas dues, en grande partie du moins, aux variations de ces mêmes angles.

Examinons comment pourrait se produire l'effet que nous signalons ici : supposons d'abord, *fig.* **22**, que le centre de gravité soit au-dessus de l'axe, et qu'en parcourant l'âme il ait pris la position G ; l'effet du battement au point D peut, pour une incidence donnée, faire passer toute la vitesse de rotation au point G, et le mobile peut s'échapper suivant la tangente GT à l'arc que tend à décrire le centre de gravité.

C'est ainsi qu'un mobile qui semble rouler à la surface

du sol, venant à choquer un corps dur, convenablement disposé, s'échappe sous un grand angle, formant un bond souvent très-étendu et relevé.

Lorsque le centre de gravité est en dessous, la vitesse de rotation peut être accrue au détriment de celle de translation, et la portée doit être diminuée.

A mon sens, les effets de l'excentricité sont très-réels, mais je crois qu'ils ont été un peu exagérés, par suite de l'emploi des obusiers : ce qui me confirmerait dans cette opinion, c'est qu'ayant tiré quelques obus excentriques de 15 cent., dans un canon de 24, je n'ai jamais observé de différence bien sensible dans la hauteur, d'un coup à l'autre, soit qu'on plaçât le centre de gravité en dessous, soit qu'on le plaçât au-dessus de l'axe. Seulement, je crois avoir remarqué que le tir était plus juste quand le centre de gravité était en dessous.

Pour le tir des mortiers de 22 c. lançant un obus excentrique de ce calibre, je n'ai jamais remarqué de différence bien notable entre les portées d'un même projectile, soit qu'on plaçât le centre de gravité en dessous ou en dessus. Ici, comme le tir s'effectuait sous l'angle de 45°, qui est sensiblement celui de plus grande portée pour les distances de 400 mètres, on conçoit que la présence d'un petit angle de relèvement ou d'abaissement ne devait avoir qu'une influence tout-à-fait inappréciable sur les portées.

Quant au tir du canon, l'explication est plus difficile ; cependant l'amoindrissement des variations s'expliquerait par la violence du mouvement initial de rotation, qui atténue en grande partie celui qui tend à s'établir de dessous en dessus, et principalement par le choc beaucoup plus oblique du projectile sur les parois de l'âme, ce qui doit beaucoup atténuer la grandeur des angles de relèvement ou d'abaissement [1], s'ils ont lieu réellement.

Quoi qu'il en soit, je crois devoir ajouter que le mouvement de rotation de dessus en dessous m'a toujours semblé favorable à la justesse du tir, et cela, quels que fussent la nature du mobile et l'angle sous lequel il était projeté. Toutes les expériences faites en Belgique et en Prusse viennent confirmer cette assertion; et, si nous révoquons en doute la grandeur des variations entre les portées, en les supposant obtenues sous les mêmes angles de projection, nous demeurons d'accord avec les expérimentateurs sur le point vraiment essentiel, c'est-à-dire sur les avantages que présente le mouvement normal de rotation de dessus en dessous, dans le tir de toute espèce de bouches à feu.

---

[1] Les obus donnent beaucoup de facilités pour fabriquer des projectiles excentriques, en y mettant d'abord du sable fin comprimé, et achevant de les remplir avec du plomb fondu qu'on peut retenir dans l'œil avec une vis qui y soit taraudée. Par ce moyen on peut obtenir une excentricité de 3 mill. dans les obus de 15 cent., et de 4 millim. dans ceux de 22 cent., ce qui est plus que suffisant pour mettre en évidence les phénomènes dont il s'agit; car, dans les expériences qui ont été faites, soit en Belgique, soit en France, l'excentricité était de 2 millim. tout au plus.

A la vérité, ce procédé présente l'inconvénient d'augmenter beaucoup le poids des mobiles, et surtout de l'obus de 22 centimètres. On pourrait substituer de la sciure de bois bien tassée, au sable, mais il serait à craindre que le lest n'eût pas assez de fixité et qu'il ne vînt à ballotter dans l'intérieur du mobile, ce qui en changerait le centrage.

Il serait peut-être possible de combiner l'excentricité de l'action de la charge avec celle du projectile, afin d'obtenir un mouvement de rotation plus violent et des effets plus marqués. C'est une question qui me paraît mériter quelques essais.

Toutefois, il faut le dire, dans l'état actuel des choses, l'usage des projectiles à excentricité artificielle est très-difficile à la guerre, et il est à craindre que, dans la précipitation du combat, le projectile ne soit mal placé dans l'âme, et alors il devient bien inférieur aux projectiles ordinaires, animés d'un mouvement de rotation très-violent, par l'action excentrique de la charge.

DES PROJECTILES QUI PRÉSENTENT LE PLUS DE STABILITÉ (*Balistique de M. Didion*).

Pour assurer la stabilité de l'axe de rotation du mobile, on a proposé de fabriquer des projectiles creux renfermant un vide ovale, formé par la révolution de l'ellipse DBD B′ autour de son grand axe DD′, *fig.* 24, et dans lesquels la lumière l serait perpendiculaire au grand axe AB de l'ellipse intérieure. Cet axe autour duquel le mouvement normal s'établirait, étant l'axe du plus grand moment d'inertie, aurait la plus grande stabilité possible. Cette disposition mériterait peut-être quelques essais, du moins en ce qui concerne le tir des bombes ; mais il serait à craindre que, pour les obus animés d'une grande vitesse, les battements et surtout les ricochets ne rendissent ces projectiles inférieurs aux projectiles excentriques, en déplaçant l'axe de rotation.

Il est évident qu'un pareil projectile exigerait que le

grand axe DD′ de l'ellipsoïde intérieur, *fig.* **24**, fût disposé horizontalement dans la pièce, de manière à être perpendiculaire au plan de tir : autrement, ce plan n'étant pas celui de symétrie du mobile, les déviations qu'il éprouverait pourraient devenir très-considérables.

On arriverait à ce résultat en établissant deux points de repère, l'un à droite, l'autre à gauche de la lumière, et qui serviraient à donner au mobile la position qu'il doit avoir pour jouir des avantages inhérents à sa construction; mais on conçoit qu'ici, comme pour les projectiles à excentricité artificielle, la difficulté du placement du mobile sera toujours un grand obstacle à son adoption pour le service de guerre.

MOYEN DE RENDRE USUELS LES PROJECTILES CI-DESSUS ET CEUX A EXCENTRICITÉ ARTIFICIELLE.

Pour employer avec quelques chances de succès les projectiles ci-dessus et ceux à excentricité artificielle, il faudrait avoir recours à un nouveau système de bouches à feu qui permît de les placer de suite, et sans tâtonnement, d'une manière correcte.

Les bouches à feu destinées à ce service devraient présenter deux rayures droites A et B, *fig.* **23**, de forme ronde, de 4 mill. de profondeur et dont les axes seraient dans le plan de tir. Le mobile porterait, sur le grand cercle perpendiculaire à l'axe de rotation qu'on voudrait lui donner, un cordon rond CC′ approprié aux dimensions des rayures *fig.* **24**. Quant aux projectiles à excentricité artificielle, leur centre de gravité, au lieu d'être sur le rayon OB, *fig.* **2**, serait en avant sur le rayon OG′, faisant avec

celui-là un angle de **20°**, et, pour empêcher que le centre
de gravité ne fût pas bien placé, le dessus des projectiles
serait peint en blanc ou en rouge.

Par cette disposition, l'emploi de ces mobiles ne présente pas plus de difficultés que celui des projectiles ordinaires, et l'on n'a plus à craindre que des battements ne
viennent détruire ou atténuer l'effet régulateur du mouvement normal de rotation.

Les projectiles, de quelque nature qu'ils soient, tendant
toujours à tourner autour de leur axe majeur, on conçoit
que le mobile représenté *fig.* **24**, qui a naturellement ce
mouvement, est plus stable que ceux à excentricité artificielle, dans lesquels l'axe de rotation n'est jamais exactement celui du plus grand moment d'inertie, quoique généralement il n'en diffère pas beaucoup.

Les bouches à feu à rayures droites, loin de perdre de
la justesse de leur tir pour lancer des projectiles ordinaires,
acquerront un petit surcroît de précision, la cavité légère
que formera la rayure inférieure guidant le projectile et
tendant à le maintenir dans le plan de tir. Je pense que la
largeur des rayures peut être portée à 15 ou 20 mill. suivant le calibre.

Nous terminerons cet opuscule par quelques réflexions
relatives au tir des mortiers et des fusées de guerre.

MOYEN D'EMPÊCHER LE MOUVEMENT DE ROTATION DES BOMBES ET BALLÉS A FEU. — EMPLOI DES FUSÉES PERCUTANTES.

Dans le tir des mortiers à **400** mètres, on arrête facilement le mouvement de rotation des bombes, à l'aide d'une

bride en fil de fer, passée dans les anses, et d'un bout de ficelle ou d'une chaînette, de 1 mèt. 30 cent. de longueur, attachée d'un côté à la bride, vis-à-vis de la lumière du projectile, et de l'autre à un tampon pour charge ordinaire d'obusier de 15 cent., qu'on perce suivant son axe pour y engager la ficelle ou la chaîne.

En plaçant la bombe dans le mortier, comme à l'ordinaire, et mettant la ficelle et le tampon par-dessus, après le premier tour, la ficelle se tend, et la résistance de l'air sur le tampon arrête le mouvement de rotation; dès lors la bombe décrit sa trajectoire sans tourner, et lorsqu'elle tombe sur le sol, sa fusée est toujours en l'air et dirigée suivant le dernier élément de la trajectoire.

En réduisant la grandeur du tampon aux dimensions rigoureusement nécessaires pour arrêter le mouvement de rotation, on aurait, par l'évaluation de la résistance de l'air sur ce tampon, une idée de la force qui produit le mouvement de rotation. Ce procédé serait fort utile pour diriger le jet des balles à feu, les faire tomber la pointe en l'air et en augmenter la portée; il permettrait de lancer des bombes allongées, terminées par une pointe, qui, en s'enfonçant dans le sol, produiraient des effets de pénétration bien supérieurs à ceux des bombes ordinaires.

L'artifice de joie pourrait aussi tirer un bon parti de ce moyen, pour le jet des pots à feu, et pour obtenir de jolis effets du tir des bombes dans les écoles de nuit. D'après les expériences que j'ai faites, les bombes de 22 cent., armées d'un conducteur, ont une portée un peu plus longue que celles qui n'en ont pas, et les effets sont plus réguliers.

Les balles à feu constituent non-seulement un artifice

d'éclairage, mais c'est encore un excellent moyen d'incendier ; elles peuvent servir de conducteur aux bombes, qui, par là, deviennent plus efficaces pour mettre le feu, en ce qu'elles portent plus de matière incendiaire, et sont moins sujettes à se briser, leur culot frappant les objets qu'il s'agit d'enfoncer ou d'écraser.

D'après quelques essais, une petite balle à feu, du poids de 1 kilog. 50 à 2 kilog., suffit pour arrêter le mouvement de rotation d'une bombe de 22 cent., lancée de 400 à 600 mètres, sous l'angle de 45°.

Les balles à feu incendiaires, destinées à être lancées isolément, pourraient avoir la forme d'un chapiteau de fusée à la Congrève ; elles seraient en forte tôle et cannelées [1]. La pointe conique serait en fonte douce, massive, ou renfermant un lest en plomb, afin de porter le centre de gravité en avant. Cette enveloppe présenterait un certain nombre de trous pour donner passage à la flamme de la composition, qui serait très-ardente.

Le projectile serait terminé par un culot en forte tôle emboutie, très-solide, qui en formerait la base. Le conducteur serait fixé à cette base, à l'aide de deux pitons rivés dessus.

Dans le chargement, la chaîne d'attache se replierait dans l'une des cannelures du projectile, et se placerait sur celui-ci, ainsi que le tampon : lorsque le coup partirait, l'action de la résistance de l'air sur le tampon tendrait la chaîne et empêcherait le mouvement de rotation, si les con-

---

[1] A la manière des tôles qu'on emploie pour les couvertures.

ditions du centrage étaient bien établies, ce qui est une affaire de tâtonnement.

Comme le projectile incendiaire frapperait le but par la
pointe, il pourrait être armé d'une fusée percutante.

Dans certaines circonstances, la balle à feu serait entièrement remplie de poudre, et ferait alors office de
fougasse.

Enfin, elle pourrait être chargée de grenades pleines
de poudre, et constituerait un projectile explosif très-redoutable, formant, en quelque sorte, le tir à mitraille des
mortiers.

Le zinc brûlant très-vivement à la température produite par les compositions d'artifice très-ardentes, l'enveloppe des balles incendiaires, de moyen ou de petit calibre, pourrait être faite en zinc laminé et cannelé ou non
cannelé, suivant le calibre et suivant le degré de solidité
qu'on voudrait obtenir. Le lest de la pointe conique serait
en plomb. Ainsi constituées, ces balles incendiaires brûleraient entièrement, et la combustion de leur enveloppe
ajouterait à l'activité du feu.

MOYEN DE LANCER DES BOMBES ORDINAIRES A FUSÉES PERCUTANTES.

On sait qu'une des grandes difficultés que présente le
tir des bombes, c'est celle de régler convenablement la
longueur de leurs fusées. Il arrive quelquefois que ces
projectiles éclatent en l'air, ce qui les rend au moins inutiles ; ou qu'il s'écoule un temps trop considérable entre
l'instant de leur chute et celui de leur éclatement, ce qui
permet à l'ennemi de se dérober à l'action du tir : joignez

à cela l'influence de l'atmosphère, qui peut faire que des fusées, bien réglées aujourd'hui, ne le soient plus demain. Ces raisons, et plusieurs autres, comme extinction, éclatements prématurés, etc., nous font penser que les bombes devraient être armées de fusées percutantes.

Si les mortiers portaient deux rayures droites, ou, à leur défaut, une cannelure droite, d'une largeur convenable, située dans le plan de tir et sur la paroi supérieure de l'âme, on pourrait en faire usage pour lancer des bombes ordinaires ou allongées, à fusées percutantes.

Pour arriver à ce résultat, il suffirait de percer dans le culot deux trous pour y adapter deux pitons à vis, destinés à recevoir la chaîne d'attache du conducteur [1]. La rayure ou cannelure de l'âme permettant d'y replier la chaîne d'attache, on pourrait placer celle-ci sur la bombe, ainsi que le tampon ou la balle à feu, suivant l'espèce de conducteur qu'on voudrait adopter.

Les bombes, se mouvant alors la fusée en avant, frapperaient le but par cette partie, et éclateraient en tombant à terre.

Les fusées dont j'ai donné la description dans le *Journal des armes spéciales*, il y a bien des années, conviendraient parfaitement au but qu'on se propose ici ; et comme la coiffe en cuivre qui recouvre ces fusées offre une résistance telle que le choc le plus grand qu'elles puissent

---

[1] J'ai fait rapporter ainsi, pendant que j'étais à Saint-Cyr, plus de 300 mentonnets postiches, à vis, à des bombes dont cette partie était cassée. L'opération était très-simple et peu dispendieuse.

éprouver dans le service ne saurait en faire jouer le mécanisme, il me semble que l'emploi de ce nouveau moyen présente moins de chances d'accident que celui des fusées actuelles, le projectile étant fermé hermétiquement, et sa fusée ne pouvant pas être allumée autrement que par un choc extrêmement violent.

Le mécanisme détonant n'étant retenu en place que par la coiffe en cuivre, et celle-ci étant facile à enlever à l'aide d'un tournevis, le déchargement des projectiles creux s'effectuera facilement et sans danger.

MOYEN D'EMPÊCHER LE RENVERSEMENT DES PROJECTILES ALLONGÉS LANCÉS PAR DES ARMES A CANON LISSE.

Il y a bien des années que j'ai expérimenté que tout ce qui tendait à ramener le mobile dans le plan de tir et à maintenir l'axe de rotation perpendiculaire à ce plan, était avantageux. Ainsi des obus de 15 cent., ancien modèle, dans la lumière desquels j'avais fait placer une tige de bois ou de fer qui excédait la surface du mobile d'environ 33 cent. m'ont donné une assez belle justesse de tir. Cette tige se plaçait dans l'axe de la pièce, et la charge était liée à son extrémité, qui faisait office de tampon.

Des bombes, aux anses desquelles était fixée une chaîne de fer, terminée par un petit obus, ont donné une grande justesse de tir, la chaîne maintenant la fusée dans le plan de projection.

Toutefois l'emploi de conducteurs ne m'a bien réussi que dans le tir sous des grands angles de projection, et avec de faibles vitesses.

Pour le tir sous de petits angles et avec de grandes vitesses, ce n'est qu'en allongeant les mobiles et en portant le centre de gravité vers la pointe, c'est-à-dire en me rapprochant de la construction de la flèche, que je suis arrivé à en empêcher le renversement et à les faire mouvoir la pointe en avant.

Dans les mobiles construits de cette manière, la distance du centre de gravité au centre de la résistance de l'air, constitue une espèce de pendule où la résistance de l'air remplace la pesanteur. Or, on sait que la durée des oscillations des pendules est en raison de la racine carrée de la longueur du pendule, divisée par la racine carrée de la gravité, et, dans le cas qui nous occupe, cette durée est en raison de la racine carrée de la distance des centres divisée par la racine carrée de la résistance de l'air.

On voit donc que, pour des résistances égales, les oscillations seront d'autant moins fréquentes que le projectile sera plus long, ce qui explique la supériorité des flèches très-longues employées par les bons archers.

Les oscillations dont il s'agit sont bien visibles dans les bombes à conducteur, qui sont toutes animées d'un mouvement vibratoire très-sensible ; elles s'aperçoivent également dans les balles-flèches dont j'ai fait l'essai, ces balles ne s'enfonçant dans le but que suivant une direction différente de celle de la trajectoire, et qui varie suivant les circonstances du mouvement oscillatoire, à l'instant de la pénétration. Toutefois j'étais arrivé à modérer un peu les oscillations en cannelant la surface latérale du mobile, dans un sens parallèle à son axe et rendant sa pointe beaucoup moins aiguë, de manière à me rapprocher de la forme du solide de moindre résistance.

Les Anglais, dont les archers étaient fort adroits, et peut-être les plus habiles qui aient jamais existé au monde, avaient parfaitement reconnu les inconvénients du mouvement ondulatoire des flèches. Robins dit, à cet égard, en parlant de la construction de la flèche, traduction de Dupuis : « Il n'est aucun arbalétrier qui ne sache qu'il faut « en disperser les plumes, en forme de spirale, pour lui « communiquer un mouvement de rotation autour de son « axe, sans quoi on la verrait faire des ondulations et s'é- « carter de la direction qu'on lui donne. »

D'après cette idée, j'appliquai à mes projectiles trois ressorts, disposés obliquement sur la surface du cylindre, qui s'enfonçaient dans celui-ci quand on chargeait l'arme, et qui, s'ouvrant quand le mobile sortait du canon [1], formaient de véritables pennes qui produisaient le mouvement de rotation.

Enfin, j'imaginai de terminer la pointe du mobile par une pointe hélicoïde cannelée, propre à imprimer le mouvement de rotation au mobile; mais ce moyen ne réussit pas aussi bien que le premier. On voit la figure de cette pointe dans la planche Iʳᵉ de mes *Notions élémentaires de balistique* (1842).

Je dus abandonner ces essais, mes occupations et le manque de moyens s'opposant à ce que je les continuasse.

Les projectiles que nous venons d'indiquer ne sont

---

[1] A la manière de ressorts de parapluies.

guère applicables qu'aux armes à feu portatives et aux très-petits calibres ; leur emploi devient extrêmement difficile dans les bouches à feu tirant à grande charge, et pour lesquelles la hampe en bois ne présenterait pas la résistance nécessaire, en la supposant même environnée d'un tube en tôle ou en zinc.

QUELQUES IDÉES NOUVELLES POUR LE PERFECTIONNEMENT DES FUSÉES DE GUERRE.

J'ai toujours pensé que le procédé que nous indiquons ici était applicable aux fusées à la Congrève, que je considère comme de véritables flèches, et dont le tir pourrait être amélioré par le mouvement de rotation que leur communiqueraient des palettes à ressort, placées vers la queue du mobile, et faisant office de pennes.

La queue de la fusée consisterait en un cylindre en tôle cannelée, les palettes à ressort présenteraient à leur partie antérieure un chanfrein qui leur permettrait de s'abaisser pour passer dans le tube directeur, et de reprendre leur position primitive à la sortie de ce même tube ; l'inclinaison des palettes sur l'axe du cylindre serait telle qu'elle répondrait à une révolution pour 6 mètres. La longueur des palettes serait de 12 cent. à 20 cent. ; leur largeur serait aussi grande que possible, mais forcément moindre que le diamètre de la fusée. Ces palettes, au nombre de quatre, ne sauraient être situées à la même hauteur, car elles se gêneraient mutuellement. Au reste, il ne s'agit ici que d'un aperçu, l'expérience pouvant seule faire connaître les formes et la disposition la plus avantageuse à donner aux pennes des fusées, suivant leur calibre.

Je pense qu'il y aurait avantage à ce que les pots des fusées incendiaires fussent en tôle cannelée, ainsi que leurs chapiteaux, quand ceux-ci doivent être en tôle, cette disposition donnant beaucoup de rigidité, sans augmenter le poids d'une manière notable.

DES PROGRÈS FAITS EN FRANCE, DANS CES DERNIERS TEMPS, POUR LA FABRICATION DES FUSÉES DE GUERRE.

Nos fusées de guerre ont été extrêmement perfectionnées dans ces derniers temps, ainsi que le prouvent les documents recueillis dans la guerre de Crimée.

M. le général-major d'artillerie russe de Konstantinoff, commandant directeur de l'établissement des fusées de guerre en Russie, vient de publier un mémoire très-curieux sur les fusées de guerre et sur leurs effets au siége de Sébastopol.

On voit, par les faits rapportés par le savant général [1], d'après le lieutenant-colonel d'artillerie russe Petisch, directeur de l'artillerie de la marine à Sébastopol, témoin oculaire, que les fusées françaises et anglaises sont arrivées à un grand degré de perfection, et sont presque identiques. Il cite une batterie française, dirigée contre le fort Nicolas, dont les fusées portaient à 3,200 mètres, et présentaient une justesse de tir étonnante, malgré un vent assez fort. Cette batterie faillit faire sauter le grand magasin à poudre, ce qui aurait amené la destruction com-

---

[1] M. de Konstantinoff est, je crois, un des premiers officiers d'artillerie qui aient fait usage de machines électrobalistiques pour mesurer la vitesse initiale des projectiles.

plète du fort. Heureusement pour les Russes que cette fusée était simplement incendiaire, et que M. Petisch put la rendre inoffensive en la faisant couvrir de boue.

Une fusée de la même batterie fit sauter, quelques heures après, une barque chargée de poudre ; cette explosion produisit de grands ravages, tua et blessa un grand nombre d'hommes, renversa tout le quai et deux corps de garde, brisa des canons de 36, etc.

M. Petisch a observé des portées de fusées de $7,500^m$ environ, et des pénétrations de 2^m30 dans le sol. Suivant lui, les fusées auraient produit de grands ravages dans la ville, et auraient tué ou blessé beaucoup d'hommes, et allumé de fréquents incendies.

Le 18 juin, une fusée fit sauter le magasin de l'artillerie de terre, qui renfermait plusieurs milliers de bombes et de grenades, toutes chargées; par suite de l'explosion, un magasin voisin contenant du matériel d'artillerie fut brûlé. Ce fut une perte très-importante, irréparable, pour la défense.

En réfléchissant au fait rapporté par M. le lieutenant-colonel Petisch, relativement au magasin à poudre du fort Nicolas, je pense qu'il serait peut-être utile que les pots des fusées incendiaires renfermassent quelques bouts de canon de fusil, faisant jaillir de temps à autre des étoiles enflammées, lesquelles, étant projetées de tous côtés, ajouteraient à la puissance destructive de la fusée. Il est à présumer que, si le pot de la fusée tombée dans le magasin eût été constitué de cette manière, l'explosion aurait eu lieu très-probablement.

Peut-être serait-il possible de trouver une composition

qui projetât de tous côtés des fragments enflammés, lesquels produiraient l'effet que nous demandons ici ; c'est une chose à essayer.

Les fusées incendiaires et explosives sont d'un effet terrible contre les villes grandes et populeuses, renfermant de nombreux magasins, par la facilité qu'on a de lancer ces projectiles en grand nombre à la fois, presque sans matériel [1]. Les fusées de petit calibre seraient très-précieuses en campagne, par leur mobilité et le peu de prise que les chevalets de tir offrent au feu de l'ennemi, surtout maintenant que l'on a adopté partout l'usage des balles allongées, si dangereuses pour l'artillerie et ses attelages. Mais, jusqu'à présent, le tir des fusées de bataille est trop irrégulier pour qu'on songe à le substituer à celui de l'artillerie ordinaire, même la plus mauvaise.

Ce qui caractérise une bonne artillerie, c'est la régularité dans la hauteur des coups ; la déviation est moins essentielle, surtout dans le tir en bataille : or, c'est précisément par de grandes variations dans la hauteur des coups que pèchent nos fusées, de telle sorte qu'à un coup qui ricoche en avant de la butte d'un polygone peut succéder un autre coup qui passe de plein fouet par dessus. Substituer le tir à ricochet à celui de plein fouet, c'est un palliatif fort imparfait, entièrement subordonné à la forme et à la nature du terrain que rencontre la fusée.

Dans le tir des armes à feu portatives, à faible charge,

---

[1] Au bombardement de Copenhague, en 1807, les Anglais lancèrent 40,000 fusées en vingt-quatre heures.

les variations dans la hauteur, d'un coup à l'autre, sont énormes ; si l'on vient à rayer le canon et à tirer à balle forcée, à vitesses initiales égales, les variations en question sont beaucoup moins grandes. Je pense qu'il en serait de même pour les fusées, si on parvenait à leur imprimer un mouvement de rotation autour de leur axe.

Les tubes rayés ne remplissent pas bien leur objet ; le mouvement de torsion, auquel la fusée résiste en vertu de son inertie, et les frottements, sont très-préjudiciables à l'effet produit et à la conservation du mobile. Je pense que l'action lente et graduelle des pennes doit produire une vitesse de rotation suffisante pour régulariser le mouvement du projectile, sans endommager celui-ci, ni lui imprimer une direction anomale.

MOYEN DE RÉGULARISER LA VITESSE INITIALE DES FUSÉES.

La vitesse de la fusée allant en augmentant, depuis le moment où on met le feu au projectile, jusqu'à un certain maximum répondant à un point assez éloigné de la trajectoire, on conçoit que si une fusée part avec une vitesse initiale moindre que celle d'une autre, elle s'abaissera davantage, dans les premiers instants, par l'effet de la pesanteur et que la portée sera diminuée : c'est sans doute pour cette raison qu'il y a si peu de régularité dans la hauteur des coups des fusées de bataille.

Dans le tir sous de grands angles, et dans le voisinage de celui de 50°, qui paraît être l'angle maximum, une faible variation dans la vitesse initiale, répondant à un léger changement dans l'angle de tir, ce changement a peu d'influence sur les résultats observés, surtout quand on tire exactement sous l'angle qui donne la plus grande portée.

Il serait peut-être possible d'améliorer un peu le tir des fusées de bataille, en les retenant dans le tube qui sert à les lancer, soit à l'aide d'un ressort dynamométrique, ou d'un fil de laiton, présentant une résistance déterminée, que la fusée devrait vaincre avant de s'échapper ; par ce moyen, les fusées partiraient toutes, avec la même force vive et sous le même angle, et comme la vitesse initiale du mobile serait plus grande, on pourrait diminuer l'angle de projection, et le tir deviendrait plus rasant, et par conséquent plus efficace.

Il n'est guère d'artifices qui soient plus susceptibles d'être influencés par l'état de l'atmosphère que les fusées ; le moyen que nous indiquons ici remédie, en grande partie, à cet inconvénient, puisque, quel que soit le degré d'humidité de l'air, la fusée ne partira que quand elle aura acquis la force nécessaire, pour vaincre la résistance qui la retient captive dans son tube.

Si le tube directeur était monté sur un affût de montagne, ou autre, la fusée pourrait être attachée au tube. A cet effet, le cartouche porterait une petite oreille, rivée dessus, et qui recevrait l'attache en fil de laiton ou la patte du ressort dynamométrique.

Les essais que nécessiterait l'adoption de cette disposition ne sont ni difficiles ni dispendieux. En cas de réussite, on conçoit qu'il sera toujours possible de trouver un point de résistance pour retenir la fusée, soit à bord des bâtiments et embarcations, soit dans les places, soit dans les batteries de siége et de côte, soit dans les habitations, soit en rase campagne.

Je pense qu'il serait facile d'adapter aux chevalets de tir un arc-boutant mobile avec le tube ou l'auget. Cet arc-boutant serait formé de trois règles, dont celle supérieure glisserait à coulisse entre les deux inférieures, auxquelles se fixerait un petit plateau à charnière, maintenu sur le sol avec deux fiches en fer. Le haut de l'arc-boutant se lierait au tube à l'aide d'un collier en fer.

Au moyen de vis à oreilles, l'arc-boutant serait fixé à une hauteur convenable ; le système serait maintenu en arrière par deux petits haubans, s'accrochant au chevalet et terminés chacun par un anneau en fer, dans lesquels on enfoncerait des fiches également en fer.

Le fil d'attache passerait sur une fourche, portée par une vis de pointage, placée sous la règle supérieure de l'arc-boutant ; au moyen de cette vis, le fil serait amené à hauteur de la génératrice inférieure du tube directeur. Le point de résistance consisterait en un piton à pattes, fixé au sommet des deux règles inférieures de l'arc-boutant.

Le diamètre, ou plutôt la résistance du fil d'attache, doit varier avec le calibre de la fusée et avec la solidité du système qui la supporte, de manière que ce système n'éprouve, tout au plus, qu'un léger mouvement oscillatoire ; du reste, il se pourrait peut-être, qu'en employant des chevalets très-bas, on pût se contenter d'un point d'attache formé d'un petit plateau en bois, portant un piton, et fixé sur le sol avec deux fiches en fer : c'est une affaire de tâtonnement.

RÉSUMÉ DES MOYENS PROPOSÉS POUR AUGMENTER L'EFFET DES FUSÉES.

Une des causes qui agissent principalement dans l'effet moral des fusées de guerre, c'est la gerbe de feu et le bruit qui accompagnent leur mouvement ; mais si la portée du mobile est considérable, il finit par se mouvoir en vertu de la vitesse acquise ; alors la fusée ne jette presque plus de feu et devient muette, et comme le tir en est fort incertain, elle devient souvent un objet de dérision, un jouet pour les troupes aguerries, ou pour les populations belliqueuses.

On voit par là que les fusées de bataille ne sauraient être employées à des distances trop considérables, même contre de grandes masses de cavalerie, tandis que, pour les fusées incendiaires ou éclairantes [1], il n'en est plus de même si, comme cela doit être, l'étendue du but sur lequel on tire est en rapport avec la probabilité de toucher.

La cavalerie présentant un but plus élevé que l'infanterie, les fusées ont plus de chances d'atteindre la première espèce de troupe que la deuxième ; joignez à cela, que la flamme et le bruit des fusées épouvantent les chevaux et les rendent ingouvernables : aussi faut-il une cavalerie bien solide pour résister au feu d'une batterie de bonnes fusées. Dans les guerres qu'ils ont soutenues en Italie et en Hongrie, les Autrichiens ont tiré un excellent

---

[1] Portant une balle à feu à parachute ; elles servent pour éclairer les côtes et la mer dans les places maritimes.

parti de leurs fusées contre la cavalerie, qu'ils ont souvent dispersée et mise en désordre à l'aide de ces projectiles.

Les Russes ont également employé avec succès les fusées de bataille, dans la dernière guerre, pour mettre en déroute la cavalerie des Turcs. Ils en consomment annuellement une grande quantité au Caucase.

Le dispositif que nous avons proposé (page 97) pour régulariser les vitesses initiales des fusées, l'emploi des pennes surtout, me paraissent devoir être d'un excellent effet dans le tir sous de petits angles, et, notamment, pour celui des fusées de bataille, aux distances ordinaires de combat : les pennes produisant dans les projectiles un mouvement de rotation, susceptible de neutraliser les ondulations des fusées, et les petites perturbations qui sont la suite des légères irrégularités que présente toujours leur confection.

Si la pointe de la fusée était disposée en spirale, la résistance de l'air pourrait contribuer très-efficacement au mouvement de rotation : ce serait une chose à essayer. Cependant, la difficulté de coordonner les effets de cette pointe et des pennes serait fort grande ; on conçoit que s'il y avait une très-forte différence entre les deux actions, la fusée éprouverait une déviation notable.

Comme l'action déviatrice est très-faible quand le mouvement de rotation est très-lent, et qu'il ne s'agit pas ici d'empêcher le renversement du mobile, qui se meut naturellement la pointe en avant, mais bien de régulariser le mouvement de la fusée, je crois que l'action des pennes est bien suffisante pour le but qu'on se propose. Quant à la déviation, elle nous paraît devoir être négligeable, re-

lativement aux déviations que les fusées de bataille éprouvent maintenant dans leur tir.

D'après mes idées, moins un projectile explosif présente
de justesse dans son tir, plus les éclats qu'il produit doivent être nombreux et fortement lancés. Ainsi, je pense
que les obus que portent les fusées devraient être formés
de deux ou trois enveloppes, coulées successivement l'une
sur l'autre, et être chargés d'une poudre beaucoup plus
forte que la poudre ordinaire.

Les fusées de guerre reviennent à un prix assez élevé
pour que, par une économie mal entendue, on néglige
rien de ce qui peut assurer leur effet. Je crois qu'on ne
saurait trop multiplier les moyens d'enflammer leur garniture : une fusée à longue portée qui s'éteint en tombant, ne cause aucun dommage à l'ennemi. Quant à moi,
je pense que toutes les fusées devraient présenter au moins
deux moyens d'inflammation ou d'explosion de leur garniture : d'abord, celui qui résulte naturellement de la confection de la fusée, et, en second lieu, une amorce percutante qui déterminerait l'effet de la garniture, lors même
que la fusée serait éteinte.

L'amorce percutante consisterait en une fusée, analogue,
pour le mécanisme, à celle dont il a été question pour
les bombes, page 89.

Cette amorce se visserait dans la tête de la fusée, qui
présenterait un trou taraudé pour la recevoir. Lorsque
l'amorce percutante serait jugée inutile, elle serait enlevée
et remplacée par un bouchon en plomb, mêlé d'un peu
d'antimoine, ou, à son défaut, par un bouchon de liége
graissé, ou un tampon de bois.

Au siége de Sébastopol, une fusée étant tombée sur le vaisseau *le Grand-Duc-Constantin*, traversa un plancher, brisa deux panneaux, et alla s'enfoncer dans le pont de la deuxième batterie. Mais comme la fusée s'était éteinte en tombant, l'effet s'arrêta là, tandis que si la fusée eût été munie d'une amorce percutante, les dégâts eussent été, à coup sûr, bien plus considérables, et eussent même pu amener la perte du vaisseau.

Il est évident qu'un pareil résultat serait immense et compenserait largement la dépense qu'on aurait pu faire, pour le présent et pour l'avenir, en adaptant des amorces à percussion à toutes les fusées de guerre.

Si les amorces percutantes devenaient d'un usage fréquent, il serait possible d'employer la même pour tous les projectiles, ce serait le moyen d'obtenir ces amorces à meilleur marché et mieux établies.

Il serait peut-être possible d'augmenter le bruit que font les fusées de bataille, en forçant les gaz à traverser des espèces de becs, renfermant des lames vibrantes. Ce dispositif serait avantageux contre la cavalerie pour augmenter encore la frayeur que les fusées causent aux chevaux [1].

---

[1] Depuis que les fusées sont chargées à l'aide de presses, les éclatements sont moins fréquents ; cependant on conçoit que des chocs, des pressions, de grandes variations de température, peuvent amener des fissures dans la composition, et partant, des explosions. A une certaine époque, j'avais pensé à confectionner les fusées par un procédé tout à fait différent de celui en usage.

Ce procédé consistait à fabriquer les fusées avec une espèce

CONCLUSION.

L'artillerie, je le sais, est aujourd'hui dans une période de transition; mais, pour un grand État comme la France, le changement radical de tout un système est une opération importante qui demande de mûres réflexions. Il est donc à croire que, pendant quelques années encore, on fera

---

de treillis de coton, dans les mailles duquel se trouvait une composition très-ardente; ce tissu devait être roulé sur la broche destinée à former l'âme de la fusée.

Dans les essais que j'ai entrepris, la toile enduite de composition présentait l'aspect d'un petit carton, une partie du charbon était remplacée par le treillis et par des filaments de coton; ce mélange ressemblait un peu à de la pâte de papier.

Lorsque la toile était essorée et encore légèrement pâteuse, elle était roulée sur une broche en acier, à l'aide d'une varlope, à peu près de la même manière qu'on fabrique le cartouche des fusées de signaux.

L'espèce de manchon ainsi formé, étant retiré de dessus la broche, était placé sur une deuxième broche, un peu plus longue et un peu plus grosse que la première; cette broche, vissée sur un bloc, était placée au centre d'un moule cylindrique. Au moyen d'une presse très-puissante [1] et d'une baguette pleine, on forçait la fusée à remplir le moule et à descendre sur le teton de la broche.

La fusée terminée était recouverte d'une double chemise en fort papier collée dessus. La gorge de la fusée était rendue incombustible au moyen d'un peu de colle forte.

Je suis parvenu à enlever de grosses fusées de signaux, con-

---

[1] Je me suis servi, pour cet objet, de la vis d'un trique-balle chargé d'un canon de 24.

usage de projectiles sphériques; alors il ne serait peut-être pas sans intérêt, de faire les quelques expériences que nous indiquons ici.

L'emploi des machines électrobalistiques serait fort utile dans les expériences dont il s'agit ici. Peut-être pourrait-on déterminer l'angle de départ du mobile, en même temps

---

struites de cette manière, et qui brûlaient complétement dans l'air.

Je suis aussi également parvenu à enlever des fusées de signaux, chargées pleines, mais dont la composition variait à chaque couche et devenait d'autant plus active qu'elle s'éloignait davantage de la gorge. A la vérité, ces fusées, du calibre de 34 mill., étaient fort courtes, et ne s'élevaient pas très-rapidement, mais cependant elles allaient assez bien.

Je pense que, dans le premier mode de confection dont je viens de parler, on pourrait aussi faire varier progressivement la vivacité de la combustion des diverses couches cylindriques qui composent le chargement, de manière à produire une plus grande vitesse dans les fusées.

L'objet que je me proposais dans ces essais était de supprimer en partie le carton des fusées volantes et de les alléger. J'ai toujours pensé que ce moyen pourrait être utile pour l'artifice de joie aussi bien que pour les fusées de guerre.

Quant aux fusées de guerre fabriquées de cette manière, je crois qu'elles seraient beaucoup plus solides que les autres; qu'elles ne seraient point exposées à éclater ou à jeter leur pot prématurément, comme cela arrive encore trop fréquemment à nos fusées actuelles, et que le cartouche en tôle n'ayant pas besoin d'être aussi épais que maintenant, la fusée serait allégée et mieux centrée. L'expérience seule peut faire connaître si ce procédé serait applicable à la fabrication des fusées de guerre.

qu'on déterminerait sa vitesse initiale. Le même moyen servirait encore à déterminer la forme de la trajectoire des boulets et fusées, et les vitesses aux diverses distances.

Les nouvelles machines permettant d'opérer sous toutes les inclinaisons, le tir d'un mortier de 22 cent., par exemple, lançant à chaque coup la même bombe, sous divers angles de projection, et avec la même charge, me paraît devoir jeter un certain jour sur la question.

Les projectiles sphériques sont, à section égale, le minimum vers lequel convergent les projectiles allongés. Leur forme est très-favorable au ricochet et au roulis à la surface du sol, surtout quand ils sont doués d'un mouvement de rotation très-rapide de dessus en dessous. Les chocs contre les obstacles les écartent moins de leur direction que s'ils étaient de forme allongée. Enfin, la forme ronde est plus avantageuse que celle allongée pour détruire et renverser des objets peu résistants, pour la dispersion régulière des éclats des projectiles creux, et peut être pour la conservation de la charge dans la chambre du mobile. Je crois que pour les feux courbes et pour les petites portées, comme dans les dernières périodes d'un siége, les projectiles ronds sont préférables aux projectiles oblongs [1], surtout, si l'on peut parvenir à leur donner le degré de justesse nécessaire, soit à l'aide des procédés que nous avons indiqués, soit à l'aide d'autres moyens plus simples et plus efficaces.

---

[1] Ainsi, pour en citer un exemple, nous nous bornerons à faire observer que le cheminement en sape double, sur le saillant d'un ouvrage, deviendrait impossible sous le tir d'obus

Quoi qu'il en soit, il me semble que l'adoption générale des balles allongées a donné aux shrapnells et aux fusées, pour le moment du moins, une importance plus grande que celle qu'ils avaient autrefois; c'est donc, ce me semble, une raison pour tâcher de les améliorer et de les porter au dernier degré de perfection.

Dans les sciences physico-mathématiques tout se lie et s'enchaîne, et nul ne peut dire si le perfectionnement de l'artillerie actuelle ne pourrait pas être fort utile aux progrès de l'artillerie future.

---

ronds, lancés avec assez de précision, pour atteindre, à chaque coup, les gabions farcis qui couvrent les sapeurs assiégeants, et c'est, je pense, un résultat qu'il serait facile d'obtenir par les moyens que j'ai indiqués à la page 83.

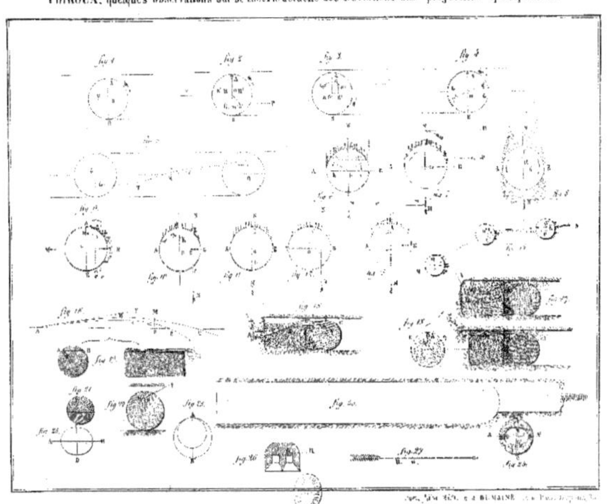

Paris.—Imprimerie de Cosse et J. Dumaine, rue Christine, 2.